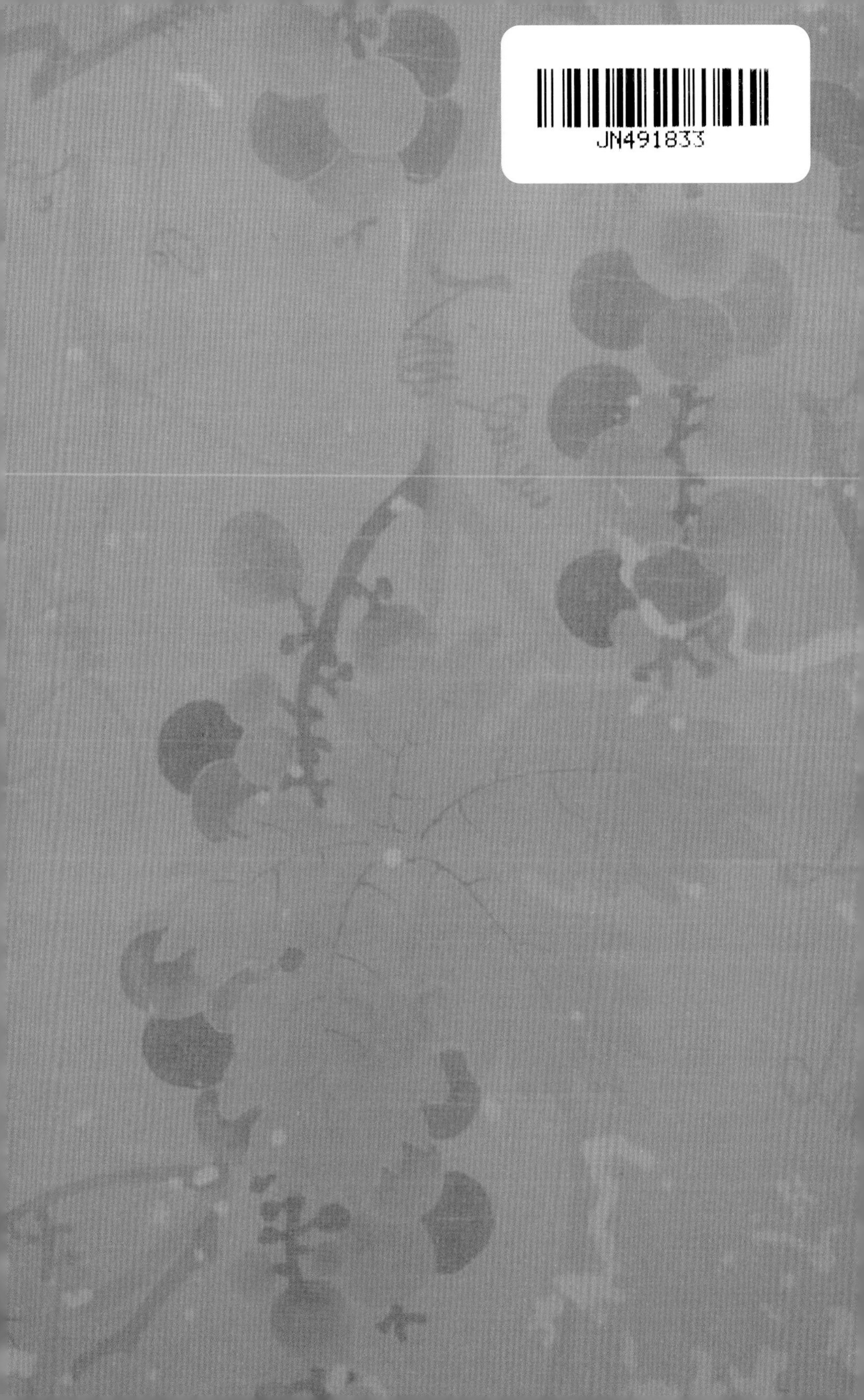

사임당

예술의 향기

불멸의
사임당
예술의
향기

머리말

큰 꿈을 품은 어머니라면 신사임당처럼

이 넓은 세상천지에 소위 '현모양처'가 어찌 신사임당 한 사람뿐인가요? 흔히 '충무공' 하면 성웅 이순신을 꼽지만 역사에 등장하는 충무공은 무려 10여명이 넘습니다. 왜냐하면 충무공 그 자체가 특별한 아호나 벼슬이 아니라 임금이 내린 시호(諡號)이기 때문에 충무공 시호를 받은 사람이 여러 명 있는 것입니다.

정부에서 포상하는 우리나라 훈장 가운데 충무무공훈장도 바로 그런 경우입니다. 그것은 국가를 위해 헌신 분투한 사람 그리고 공적이 특별하게 빛을 발하는 사람을 선정하여 나라에서 훈장을 수여하는 상훈제도입니다.

오늘을 사는 우리들은 대한민국 역사상 가장 훌륭한 어머니로서 그리고 가장 귀감이 되는 현모양처로서 '신사임당'을 꼽는데 조금도 주저하지 않습니다.

그럴만한 분이 우리나라 반만년 역사에서 오직 신사임당 그 분 한 분 뿐이라면 참으로 서글픈 이야기입니다. 확신컨대 오늘날 우리 어머니들 가운데는 조선시대의 신사임당 같은 어머니 아니 그 이상 가는 훌륭한 어머니들은 도처에 많이 있을 것입니다.

신사임당(申師任堂)은 조선시대의 대표적 학자이자 경세가인 율곡 이이(李珥)의 어머니로서 시와 그림 그리고 글씨에 탁월했던 여류 예술가였습니다. 본관은 황해도 평산(平山)이고 아버지는 진사 벼슬의 신명화(申命和)이며, 어머니는 용인 이(李)씨로 생원(生員)인 이사온(李思溫)의 딸입니다. 이름은 인선(仁善)이고, 남편은 증 좌찬성(贈 左贊成) 이원수(李元秀)였습니다.

사임당은 당호(堂號 : 성명 대신에 그 사람이 머무는 거처의 이름으로써 인명을 대신하여 부르는 호칭)이며, 그 밖에 인임당(姻姙堂) 또는 임사제(姙師齊)라고도 하였습니다.

신사임당이라는 당호는 중국 고대 주나라의 문왕의 어머니인 태임(太任)을 본받겠다는 뜻으로 스스로 지은 것입니다. 태임을 동양사회에서 최고의 여성상으로 꼽은 데서 따온 것이라고 합니다.

머리말

신사임당은 외가에서 자라면서 어머니로부터 여성으로서 지녀야 할 덕목과 학문을 배웠습니다. 그리하여 여성으로서의 부덕(婦德)과 교양을 갖추고 현명한 부인의 덕목을 기르면서 자랐습니다. 그리고 19세에 한양(서울)의 덕수이씨 가문 이원수와 결혼하였지만 사임당은 서울 시가에서 남편과 함께 시부모를 모시고 생활한 것보다는 오히려 친정에서 더 오래 살았던 여성입니다.

당시 유교적 봉건시대는 말할 것도 없이 오늘날 우리들의 일반적인 가정사로 볼 때도 이해할 수 없고 또 허용되지도 않을 삶을 살았습니다. 그런데도 신사임당이 오늘날까지 현모양처로 추앙받는 이유는 아들 율곡을 포함하여 자녀들을 훌륭하게 양육하였다는 점과 친정과 시댁 부모 모두에게 지극한 효도를 다 하였다는 것 때문입니다.

신사임당은 율곡을 낳은 뒤 5년 만인 1541년(중종 36년) 38세에 시집살림을 주관하기 위해 강릉에서 한양으로 올라와 지금의 종로구 수송동과 청진동 중간장소인 수진방에서 10년 동안 살다가 1551년(명종 6년) 봄에 삼청동으로 이사하였습니다.

그 해 여름 남편이 수운판관(水運判官 : 조선시대 경기도관찰사 예하에서 한강 수운을 담당하던 하급관직)으로 두 아들과 함께 평안도 출장 중일 때 안타깝게도 48세의 젊은 나이에 세상을 떠났습니다.

우리나라의 여성 가운데 어진 어머니 그리고 선량한 아내의 표상인 현모양처(賢母良妻)로 존경받는 사임당의 역사적인 기록을 중심으로 정리하는 과정에서 사람 이름이나 작품 명칭 등 정확한 이해를 돕기위하여 부득불 한자를 써야만 하는 경우가 있어 한자를 괄호 안에 표기하였습니다.

신사임당은 시대를 초월한 겨레의 어머니요, 자녀를 훌륭하게 키운 귀감적 어머니로서 우리들에게 꿈과 희망을 주는 훌륭한 어머니라는 것만은 분명합니다.

이 책은 큰 꿈을 품고 자녀들을 가르치는 우리 어머니들이 더욱 용기를 가지고 자녀들을 훌륭하게 키우면서 부모에 효도하고 인정 받는 며느리 그리고 남편으로부터 사랑받는 어머니 아울러 자녀들로부터 존경받는 어머니가 되기를 바라는 마음으로 조심스럽게 엮었습니다.

지은이 정현

차례

제1부

나약한 여성의 지혜
신사임당의 교육법

제2부

꿈을 키운 강인한 여인
불멸의 여성

제3부

자기계발에 충실한 여성

신기의 예술가

제4부

세상을 일깨운 여성

제5부

사임당의 작품 세계
사임당을 그리다

제6부

사임당의
흔적과 족적

제1부

나약한 여성의 지혜

신사임당의 교육법

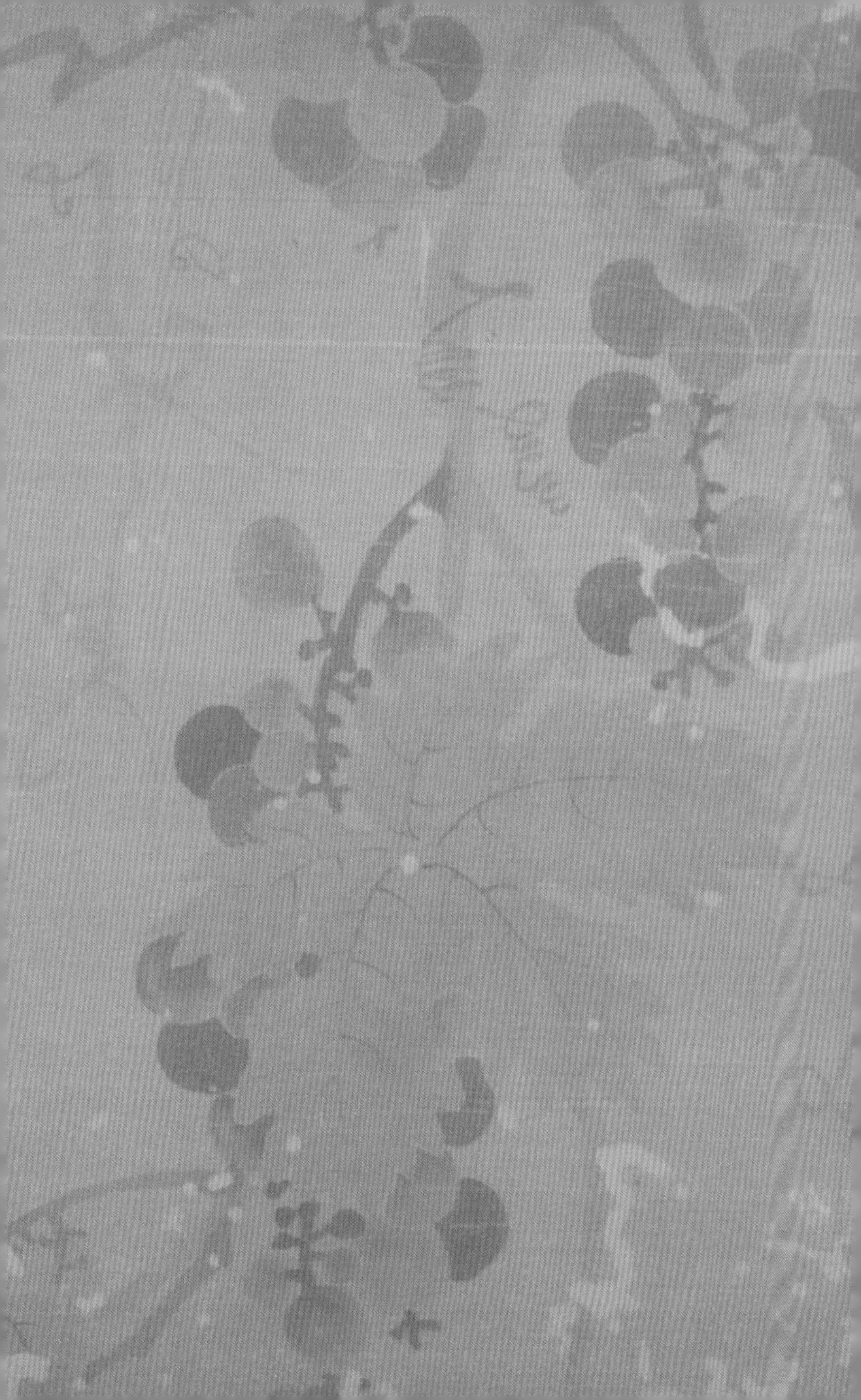

제1장

훌륭한 어머니의 표상

신사임당(申師任堂)은 훌륭한 어머니로서 존경받는 여성이자 훌륭한 문장가(文章家)였으며 탁월한 예술인으로서의 생활 속에서 어머니와 아내의 역할을 수행하였다. 그런 면에서 조선왕조 500년 역사에서 가장 유교적 여성이면서도 독립적 인격체로서 스스로 삶을 개척한 여성이라는 평가를 받는다.

세상에 어느 부모이건 아버지와 아들 또는 어머니와 아들딸을 말하게 될 때에 부모에게는 그 자녀를, 자녀에게는 그 부모를 연관시켜 말하는 것이 필연적으로 세상의 이치이다.

하지만 조선 500년 역사를 넘어서 현재를 살아가는 오늘날까지 우리나라 전체를 이야기할 때 신사임당과 아들 율곡의 모자 관계는 많은 사람들에게 모범적 표상과 귀감이 되기 때문에 가장 많이 인용되는 경우이다.

신사임당은 단순히 조선시대 대학자 율곡 이이의 어머니에 머무는 것이 아니라 우리나라의 훌륭한 어머니의 표상(表象)으로 높이 추앙되고 있는 여성이다.

신사임당이 최고의 여성으로 여긴 인물은 중국의 태임(太任)이었다. 태교에서부터 정성을 기울여 성군의 대표 아이콘인 아들 주나라 문왕을 배출한 현숙한 부인 태임을 받는다는 의미에서 사임당으로 당호를 정하였다.

신사임당의 또 다른 호인 별호는 인임당(姻姙堂) 또는 임사제(姙師齊)이다.

언제나 밝고 온아한 천품과 예술적 자질조차도 모두 태임의 덕을 배우고 본받겠다는 뜻이다. 그런 어머니였기에 아들 율곡을 대정치가요 대학자로 길러낸 것이다.

율곡을 말할 때에는 그 어머니 신사임당을 빼놓을 수 없고, 반대로 신사임당을 말할 때에도 그 아들 율곡을 말하지 않을 수 없다.

왜냐하면 그런 어머니의 가르침을 받은 아들 이이는 조선 중기 때의 대학자이자 충신 문신이며, 그의 어머니 신사임당은 우리나라 최고의 현모양처로 꼽히기 때문이다.

태임(太任)

중국 주(周) 나라 왕계(王季)의 비(妃)이며 문왕(文王)의 어머니로 문왕을 임신했을 때는 눈으로는 나쁜 것을 보지 않았으며 귀로는 음란한 소리를 듣지 않았으며 입으로는 거만한 소리를 내지 않았다고 하여, 태교(胎教)를 말할 때 인용됨.

■ 신기한 태몽(胎夢)

신사임당이 율곡을 임신했을 때의 태몽이 매우 신비스럽다. 어머니 신사임당은 자기가 태어난 그곳 친정집에서 아들을 잉태하는 꿈을 꾸었다.

이른 봄 밤 꿈에 동해에 이르니 선녀가 검푸른 바다 속으로부터 살결이 백옥 같은 옥동자 하나를 안고 나와 부인의 품에 다소곳이 안겨준다는 꿈을 꾸고 아기를 잉태하였다.

다시 그해 12월 26일 새벽에도 검은 용이 여의주를 물고 바다로부터 날아와 침실에 이르러 문머리에 서려 있다가 하늘로 올라가는 꿈을 꾸고 아기를 낳으니 아들이었다.

그리고 신사임당이 율곡을 낳기 전의 또 다른 꿈 이야기이다.

꿈에 한 귀신이 나타나서 하는 말이 "이 아이는 장차 큰 인물이 될 터이니 죽여 없애야겠다.

그러나 그 대신 오죽헌 뒷산의 밤나무가 1000그루가 되면 하늘의 뜻이니 살려 주겠다." 라고 하였다.

그래서 사임당과 귀신은 함께 뒷산에 올라가서 밤나무를 세어보았더니 한 그루가 모자라는 999그루였다. 귀신은 "그것 봐라! 이제 아이를 죽여야 되겠구나!" 하면서 사임당 뱃속의 아기를 죽이려고 하였다.

그 때 밤나무 숲 옆에 있던 한 나무가 "나도 밤나무다!" 하고 소리치는 바람에 귀신이 놀라 허겁지겁 달아나 버렸다고 한다.

그 때부터 이 나무를 "나도 밤나무"라고 전해 내려온다.

나도밤나무
한국·일본 등지에 분포하는 낙엽 활엽교목으로 산골짜기에서 자란다.

그리고 이와 비슷한 또 다른 이야기도 전해진다.

그 이야기는 산신령이 나타나 "밤나무 1000 그루를 심어라! 그렇지 않으면 아기가 호랑이에게 물려갈 것"이라고 말하였다.

나중에 보니 한 그루가 모자랄 때 산신령이 밤나무 지팡이를 들고 나와 하는 말이 "네가 밤나무를 대신하라!"고 하여 그 나무가 "나도 밤나무다!" 라고 하였다고 한다.

그래서 그 밤나무가 있던 마을이란 뜻으로 율곡(栗谷)마을이라 부르게 되어 현재까지 이어져 내려오고 있다고 전한다.

모두가 밤나무와 관련된 이야기이다.

신사임당이 용꿈을 꾸고 아기를 낳은 방이라 하여 몽룡실(夢龍室)이라는 현판을 붙여 놓았으며 흑룡이 바다에서 집으로 들어왔고 또 하늘로 날아오르는 꿈을 꾸고 낳은 아들이라 하여 어릴 적의 이름인 아명을 현룡(現龍)이라 하였다.

몽룡실 현판

■ 자녀교육에 헌신

신사임당은 자녀를 교육할 때 항상 남을 해치는 사람은 반드시 그 업보를 받아서 자기도 그와 똑 같은 일을 당하게 된다는 것을 일깨워 주었다. 그리고 자녀들로 하여금 세상 이치를 스스로 깨닫게 하고 사물을 바로 보며 사람다운 언행을 하는데 특히 조심하도록 일렀다.

"아이들의 몸과 마음을 바르게 키우려면 먼저 부모가 바로 서야 한다. 왜냐하면 부모는 자녀들의 거울이기 때문이다. 물론 공부도 중요하지만 그러나 착한 품성을 갖게 하는 일이 먼저이다. 훌륭한 문장과 아름다운 그림도 좋지만 그러나 무엇보다도 먼저 인격이 바로 서야 한다. 인격을 닦은 뒤라야 비로소 글도 좋아지고 그림도 좋아진다."

신사임당은 특히 자녀 교육에 대해 매우 열성적이었다.

"사나이는 군자가 되어야 한다!"

"사내가 함부로 눈물을 보이면 안 된다!"

이러한 신사임당의 교육관은 수백년이 지난 예나 지금이나 그대로 전승될만한 덕목들이라는 데서 높이 평가받고 있다. 이는 어머니 신사임당의 교육관이자 사상이자 철학이기도 하였다.

■ 백발노인의 현몽(現夢)

"어머니! 제 꿈이 참 이상해요!"

"현룡아 대체 무슨 꿈을 꾸었는데?"

신사임당은 어느 날 어린 아들 율곡의 말을 듣고 깜짝 놀랐다. 율곡이 간밤에 꿈을 꾸었는데 하얀 백발노인이 나타나서 이런 말을 하였다고 말하는 것이었다.

"그대는 장차 나라의 큰 기둥이 될 인물이오.
헌데 이름이 현룡이라 격에 맞지 않아.
이름을 귀고리 이(珥)로 고치면 대성하리라."

신사임당은 아들의 꿈 이야기를 들으면서 깊이 생각에 잠겼다.

"왜 하필이면 귀고리 이(珥)자로 고치라는 것일까? 참으로 이상하고 기이한 일이다."

신사임당은 그렇다고 어린 아들의 꿈이라 해서 무시하기도 마음에 걸렸다. 신사임당은 즉시 옥편을 펴놓고 귀고리 이자(珥字)의 뜻을 면밀하게 살펴보았다. 귀고리 옥에 구슬을 뜻하는 말이기 때문에 분명 귀인을 의미하는데 옥도 갈고

닦지 않으면 그 타고난 빛을 발휘할 수 없다는 백발노인의 의중을 지혜로운 신사임당은 깨달았다. 그러나 현룡이란 이름 또한 용이 현몽하여 낳은 아들이라는 의미이니 무작정 고치는 것도 마음에 걸렸다.

한나절 고민 끝에 고치는 것이 좋을 것 같다는 생각이 들자 현룡이를 아명(兒名)으로 쓰고 그대신 이름을 이이(李珥)로 바꾸었다.

신사임당은 당시 유교적 봉건사회라는 시대적 상황으로 볼 때 비록 여성이면서도 성리학적 지식이 해박했다는 점과 아들 이이(李珥)와 이우(李瑀) 그리고 딸 이매창(李梅窓)을 대학자와 작가, 화가로 길러냈다는 점을 높이 인정받았다. 그런 일들은 신사임당이 세상을 떠난 뒤에 더욱 높게 평가되고 찬사를 받는 사유가 되었던 것이다.

용의 태몽을 꾸고 율곡 이이를 얻어 '현룡'이라는 이름을 지어주었다.

■ 동시대의 여인들

신사임당은 동시대를 살았던 문정왕후나 정난정 그리고 황진이 같은 여인들에 비해 너무나 고결하여 조선의 사대부들이 주저없이 신사임당을 부덕과 현모양처의 전형으로 칭송하였던 것이다.

명종의 어머니인 문정왕후는 명종이 12살의 어린 나이로 제13대 왕에 등극하자 수렴청정을 하면서 동생 윤형원에게 권력을 쥐게 하여 당파싸움을 부추기고 정권을 휘둘렀던 당대에 추악한 여인이었다. 그리고 정난정은 탐욕과 교만의 상징으로 역사에 등장하였으며 황진이는 송도 개성 출신의 유명한 기생이자 시인으로 이름을 날렸는데, 절경의 박연폭포와 선비 학자 서경덕과 함께 개성에서는 가장 뛰어났다 하여 '송도삼절(松都三絶)'이라는 칭송을 받은 여인이었다.

송도삼절인 박연폭포(朴淵瀑布)

우리나라에서 아름답기로 이름난 금강산의 구룡폭포(九龍瀑布), 설악산의 대승폭포(大勝瀑布)와 더불어 3대 명폭의 하나이며, 천연기념물 제388호로 지정되어 있다. 북한 지역인 개성시 북부 박연리에 있다.

그러나 신사임당은 이들 여성들과는 달리 가정이라는 울타리 안에서 자녀들을 모범적으로 교육시킨 여성이었다.

그 아들 율곡 이이가 노론의 학문적 시조가 되었고 또한 서인의 이론적, 정신적 지주로 떠오르면서 아들을 훌륭하게 교육시킨 어머니로서 부덕의 상징 그리고 현모양처의 모범으로 높이 인정을 받은 것이다.

신사임당이 세상을 떠난 뒤에 유해는 경기도 파주 율곡촌 자운산 선영에 장례를 지냈고, 뒷날 남편 이원수도 신사임당의 묘소 곁에 안장하였다.

아들 이이가 종1품 숭정대부 의정부 우찬성과 판의금부사까지 승진하여, 어머니 신사임당도 정1품인 정경부인으로 추증하였다. 아들이 출세한 덕으로 어머니도 높은 벼슬 직위를 받은 것이다.

신사임당 묘

경기도 파주시 법원읍에 위치한 신사임당과 남편 이원수와의 어울무덤이다. 봉분 앞 중앙에 묘비가 있고 이 앞에 상석과 향로석이 일렬로 놓여 있다. 오른쪽에는 후대에 새로 세운 묘비가 있으며 좌우로 문인석이 있다.

■ 효녀효부로 칭송

신사임당은 항상 몸가짐을 조심하여 모범적으로 자식들을 교육시켰고, 남편에게는 올바른 길을 가도록 내조하면서 7남매를 모두 훌륭하게 키웠다.

그리고 시부모와 친정어머니를 극진하게 잘 모신 효녀효부로도 알려져 있다. 이러한 사실은 신사임당 개인의 주체적인 능력이나 삶을 보여주기 보다는 전통적인 유교사상의 영향으로 단지 누구의 딸이고, 누구의 아내이며 어느 집 며느리이자, 누구의 어머니였다는 것으로만 신사임당을 표현하고 있기 때문이다.

그런 평가와 사례는 우리 역사 속에서 여성이란 존재는 그렇게 종속적이고 한정적인 테두리 안에서 벗어나지 못하고 수동적으로 주어진 역할만을 맡아 왔던 시대적 흐름에서 크게 벗어나기 어려웠던 탓에 기인했다고 볼 수 있다.

신사임당을 이렇게 기록하게 된 결정적인 이유는 역사를 기록하고 전수하는 모든 과정에 남성위주의 편향된 사고가 있었기 때문이었다. 이러한 남성 중심 사회에서는 여성을 역사서에 기술할 때 다분히 단편적이고 보편적인 여성상을

신사임당 초상.

그리려고 했고 그 대표적인 인물이 바로 신사임당이었던 것이다. 그래서 현대 여성계 일각에서는 신사임당이 현대를 사는 오늘날 여성의 모델에는 적합하지 않는 인물이라고 비판하고 있다. 그리고 더 나아가 현모양처의 전형을 신사임당 대신에 다른 여성으로 바꾸어야 한다는 주장도 제기되고 있다.

다시 말해서 이제는 신사임당의 현모양처의 자리를 다른 사람에게 바톤을 넘겨줘야 한다는 말이다. 즉 현대 여성계에도 신사임당을 뛰어넘는 훌륭한 여성들이 많다는 주장이다. 물론 시대가 진보하고 변화하면 그 시대가 요구하는 역사적인 인물도 당연하게 바뀌기 마련이다.

그러나 면면히 흐르는 역사속에서 적어도 조선시대로 국한시켜 보면 여성들의 경우는 신사임당이 가장 대표적인 인물임에 틀림없다고 할 것이다.

조선시대 전형적인 왕조가 요구하는 유교적 여성상에 만족하고 충실한 삶을 살아온 신사임당은 자식에게는 더없이 어진 어머니이고 남편에게는 성실하고 착한 아내였으며 양가 부모에게는 더 없는 효녀효부였다. 말뜻 그대로 정숙하고도 어진 현모양처로서의 신사임당을 앞서갈 인물은 아무도 없다는 말과도 그 맥을 같이 한다고 볼 수 있다.

어쨌거나 조선시대의 여성 가운데 사임당이 현모양처였음에는 앞에서도 언급하였듯이 그누구도 이견이 있을 수 없는 일이다.

스스로 자신의 당호를 '사임당'이라고 지었던 인선은 그 호가 성군의 대표 격인 중국 주나라 문왕의 훌륭한 어머니 태임을 배우고 본받는다는 뜻에서 보여주듯 대학자이자 정치가인 율곡을 포함한 7남매의 자식들에게 사임당은 더할 나위 없이 좋은 어머니였다.

문왕(文王)

중국 고대 주 왕조의 기초를 닦은 명군. 은(殷)나라 왕조의 말기에 서방의 변경인 산시성 치산(岐山)에 근거를 두고 있던 주(周) 나라 제후국의 군주 계왕(季王)과 은(殷)나라에서 시집와서 왕비가 된 태임(太任)과의 사이에서 태어난 아들.

송시열이 현모양처로 천거

조선 후기에 이르러 신사임당을 어머니와 부녀의 모범으로 양반 사대부 가문들이 딸들에게 훈육의 표상으로 삼게 되었다.

조선 후기 율곡의 학통을 이어 대학자가 된 우암 송시열과 명재상(名宰相)인 명재 윤증 등이 아들 율곡을 훌륭한 인물로 키운 어머니 신사임당을 조선시대 국가적인 위인으로 높이 받들게 한 것이다. 송시열은 신사임당의 시와 글 그리고 서예와 그림 등에 찬사를 보내며 이렇게 말했다.

"신사임당은 가히 율곡을 낳아 훈육시킬 만한 위대한 여인이다!"

그러면서 신사임당에 대한 국가적인 존경과 숭배를 강화하도록 견인차 역할을 하였다.

송시열(宋時烈)

조선 후기의 문신·학자. 주자학의 대가로서 이이의 학통을 계승하여 기호학파의 주류를 이루었으며 신사임당을 조선의 국가적인 위인으로 받들게 했다.

송시열은 자신의 스승인 율곡을 높이 받들고 추앙하면서 그의 부모 역시 위대한 인물로 삼고자 하였던 것이다. 그러나 율곡의 아버지 이원수는 통덕랑(通德郞 조선 시대에 둔, 정5품 상(上) 문관의 품계) 이라는 낮은 직책을 지냈을 뿐, 별로 뛰어난 인물이 아니어서 결국 율곡의 어머니인 신사임당만을 성자로 받들게 한 것이다.

신사임당은 대한민국 정부 수립 이후에도 1960년대 제3공화국 때 한국의 위인 가운데 한 사람으로 선정되어 추앙받았으며 현모양처의 상징이자 훌륭한 여성 작가 그리고 시인으로 오늘날까지 후한 평가를 받고 있다.

하지만 반대의견도 없지 않았다.

신사임당에 대한 여성운동가와 여성계에서 제기한 부정적인 평가로는 신사임당이 지덕을 겸비한 총명하고 인자한 어머니였던 것만은 사실이지만, 당시 시대상으로 볼 때 출가한 여인으로서 마땅히 남편 곁에 있어야 하는데 그렇지 못하였고 친정에 너무 오래 머물러 있었기에, 한 가정의 어머니로서 그리고 며느리로서의 역할에는 충실하지 못했다는 점을 그 이유로 든 것이다.

그러면서 여성계에서는 정절의 가치를 왜곡되게 포장하고 여성의 신체적 자유를 희생시킴으로써 문중의 집단적 이기심과 명예만을 존중했던 홍살문처럼 신사임당이 조선시대 유교적 이데올로기에 의해 미화된 인물이라는 점을 내세웠다. 여성들은 과거의 전통적인 시대에서는 사회 분위기에 따라 때론 역사로부터 외면당하거나 평가절하 되어 왔다는 지적을 많이 받아왔다. 그러나 신사임당은 일각의 비판에도 불구하고 어엿히 각급 학교 교과서에 여성을 대표하는 비중 있는 인물로 등재되어 있다.

많은 사람들이 신사임당 하면 현모양처의 귀감이라고 여기면서도 사실 신사임당이 한 일에 대해서는 깊이 있게 잘 모르고 또 궁금하게 여긴다. 그것은 무슨 연유일까? 신사임당은 시와 글씨 그리고 그림 등에 뛰어난 실력을 가진 당대의 뛰어난 예술가였지만 우리 역사는 단순히 율곡 이이의 어머니로서의 신사임당만을 강조해 왔기 때문이다.

어숭이와 개구리

신사임당의 초충도 작품 중 하나로 나비,원추리꽃 줄기에 붙은 매미,뛰어 오르려는 개구리로 구성하였다. 원추리는 일명 망우초 또는 훤초라 부르는데 이것은 시경에서 유래한것으로 근심을 잊고 답답함을 푼다는 의미를 지니고 있다.

■ 아들이 지은 비문(碑文)

실로 사임당이 우리 역사 속에서 가장 위대한 어머니로, 또 아주 드물어서 희귀한 존재처럼 우뚝 자리 잡은 데는 아들 율곡의 영향이 컸다. 여기에는 율곡 이이가 쓴 어머니의 일대기 《선비행장》이 결정적인 역할을 했다.

아들 율곡은 어머니의《선비행장》에서 신사임당의 예술적인 재능과 순효(純孝)한 천품 그리고 정결한 지조와 고매한 인품, 우아한 자애와 지극한 효성 말만 아니라 자녀에 대한 탁월한 교육관 등을 소상하게 밝혀 적었다. 또한 사임당이라고 당호를 지은 내력과 이름다운 여성상과 온화한 인성 그리고 특출한 감성까지도 수채화처럼 생생하게 기록하였다.

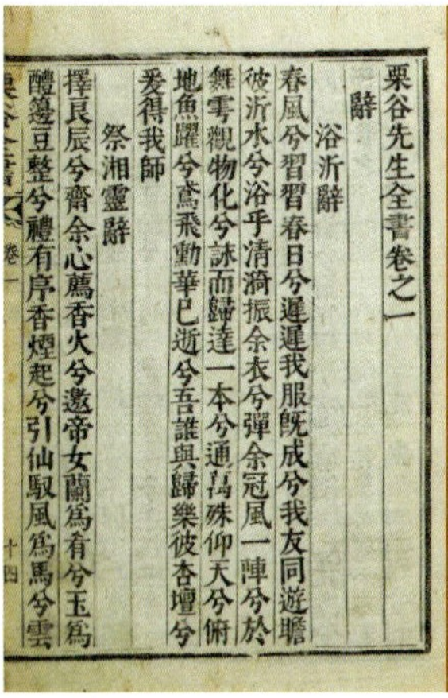
栗谷先生全書卷之一
辭
浴沂辭
春風兮習習春日兮遲遲我服旣成兮我友同遊聽
彼沂水兮浴乎清漪振余衣兮彈余冠風一陣兮於
舞雩觀物化兮詠而歸達一本兮通萬殊仰天兮俯
地魚躍兮鳶飛勳華已逝兮吾誰與歸樂彼杏壇兮
爰得我師
祭湘靈辭
擇良辰兮齋余心薦香火兮邀帝女蘭爲有兮玉爲
醴籩豆整兮禮有序香煙起兮引仙馭風爲馬兮雲
栗谷全書 卷一 十四

선비행장(先妣行狀)

선비란 남에게 세상을 떠난 자기 어머니를 이르는 말이고, 행장이란 사람이 죽은 다음에 그의 일생의 행적을 적은 글이다. 신사임당은 1551년 5월 17일에 48세의 나이로 사망하였다. 이때 이이의 나이는 열여섯 살이었다. 신사임당이 세상을 뜨자 어머니의 행적을 기리기 위해 이이가 쓴 글이다.

행장(行狀)이란 사람이 죽은 뒤에 그 사람이 생전에 평생 해온 일들을 기록한 글을 말한다.

그렇지만 율곡은 아버지의 행장은 쓰지 않았다. 그러나 어머니 사임당에 대해서는 절절한 그리움이 담긴 행장뿐만이 아니라 어머니 상을 당한 이후 아버지의 빗나간 재혼으로 인한 슬픔과 배신감과 허무감에 빠져 금강산 절에 들어가 불경 경전 연구로 칩거했다는 개인적인 사사로운 기록까지 남겼다.

사실 조선시대에 아내의 질투와 투기심은 칠거지악(七去之惡)의 하나로 꼽히지만 신사임당은 병약한 자신이 먼저 세상을 떠날 것을 예감하며 남편에게 남은 자식들을 위해 재혼하지 말기를 간절하게 당부한 여성이었다. 그런 어머니의 가르침을 받은 아들 율곡은 어린 시절에 어머니가 병을 앓고 있을 때 외할아버지 사당에 혼자 들어가서 쾌유를 비는 기도를 올렸다.

그런 일화로 미루어볼 때 신사임당의 자식들 또한 아버지 계통의 부계보다는 외가 쪽의 모계에 더 큰 영향력과 친화력을 가지고 있었다.

스스로 공부하는 사람이 큰 사람 된다

申師任堂

제2장

강릉 소녀의 꿈

어릴적 신인선(申仁善)은 심성이 아주 착한 소녀였는데 어려서부터 총명하고 눈썰미가 뛰어났다. 한 번 듣고 보는 것은 거의 다 그대로 머릿속에 기억할 정도의 비상한 머리의 소유자라고 전한다.

소위 미운오리 일곱 살 때에 너무나 어른스러웠던 신사임당은 외할아버지 이사온으로부터 여성이 지녀야 할 덕목을 배우면서 《소학》, 《대학》에 대한 교육을 받았다.

신사임당의 아버지 평산 신씨 신명화는 진사(進士) 출신으로서 당시 시대적 상황과는 달리 아들딸의 차별을 두지 않았다.친딸들은 물론이거니와 심지어 조카딸들에게도 글과 서예를 가르쳤다. 신사임당을 포함한 다섯 딸들이 모두 아버지로부터 《천자문》과 《동몽선습》, 《명심보감》을 차례대로 배워 익혔다.

아버지는 특히 여러 딸들 가운에서도 기억력이 비상하고 총명하며 재주가 뛰어난 둘째 딸 신사임당 인선(仁善)을 사랑스럽게 여기면서 많은 관심을 기울였다. 보통 사람들이 어려운 학문이라고 여긴 유교의 《사서오경》과 《주자가례》도 공부함으로써 일찍부터 성리학적인 학문에 눈을 뜨고 학자적인 소양까지 두루 두루 갖추게 되었다.

신사임당은 성리학(性理學)적 지식과 도학(道學) 그리고 문장과 고전, 역사 지식 등 여러 분야에 해박하여 친정아버지 신명화나 남편 이원수를 찾아온 사대부들이 크게 탄복하였다. 일찍이 친정아버지 신명화는 조광조 등 신진 선비 학자들과 친분이 있었으나, 기묘사화로 선비들이 희생되자 관직을 단념하고 처가인 강원도 강릉으로 낙향하였다.

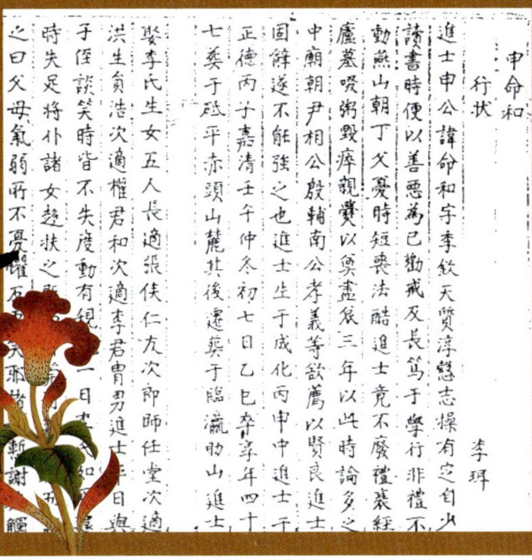
申命和
行狀
李珥
進士申公諱命和字季欽天質淳慤志操有定自少
讀書時便以善惡爲己勸戒及長篤于學行非禮不
動燕山朝丁父憂時短喪法酷進士竟不廢禮葬經
廬墓啜粥毁瘠親爨以奠盡哀三年以此時論多之
中廟朝尹相公殷輔南公孝義等欲薦以賢良進士
固辭遂不能强之也進士生于成化丙申中進士于
正德丙子嘉靖壬午仲冬初七日乙巳卒享年四十
七葬于砥平赤頭山麓其後遷葬于臨瀛助山進士
娶李氏生女五人長適張侯仁友次郞師任堂次適
洪生員浩次適權君和次適李君胄男進士平日與
子侄談笑時皆不失度動有規
時失足將仆諸女趨狀之
之曰父母氣弱所不覺懼

신명화(申命和)

신사임당의 아버지이자 외손인 율곡 이이의 외할아버지이다. 자는 계흠(季欽), 호는 송정(松亭). 고려 때의 공신 신숭겸(申崇謙)의 후손이다. 부인은 이사온(李思溫)의 딸 용인이씨이다. 아들이 없고 딸만 다섯을 두었는데 신사임당은 둘째 딸로 태어났다.

신명화의 행장(行狀) 이이(李珥)의 저작이다.

■ 여인으로서의 기상

어느 작가는 뒷날 신사임당을 이렇게 평가했다.

"사임당의 호에는 분명 혁명을 꿈꾸는 신사임당의 의지와 여인으로서의 높은 기상이 담겨 있었을 것이다."

인선(仁善)은 신사임당이라는 당호 외에도 인임당(姻姙堂) 또는 임사제(姙師齊)라는 호도 가졌다. 그러나 결혼 후에는 본이름 대신에 사임당 호를 즐겨 사용하였다고 한다.

친정 아버지 신명화는 주로 한양에 거주했던 관계로 강릉에서 생활한 신사임당 모녀와는 무려 16년이라는 긴 세월 동안 떨어져 살았다. 아버지가 가끔 강릉에 내려와야 아버지와 딸로서 부녀의 정을 나눌 수 있을 뿐이었다.

일찍부터 그림과 글씨를 잘 써서 칭송을 받은 인선이었기에 조선 제13대 명종 임금 때의 학자로 신사임당의 아들 율곡을 가르친 어숙권은 인선이 소녀시절부터 그려온 작품을 보고 크게 감탄하면서의 자신의 《패관잡기》에 이렇게 기록하였다.

"사임당의 포도와 산수는 실로 절묘하여 감탄하는 이들이 많은데, 그들이 한결같이 '안견의 그림 다음에 간다.'라고 하였다.

어찌 나이 어린 소녀와 출가한 부인의 그림이라 하여 함부로 경홀(輕忽 말이나 행동이 가볍고 소홀함)히 여길 것이며, 또 어찌 부녀자에게 합당한 일이 아니라고 나무랄 수 있을 것이랴!"

인선은 소녀시절부터 자상한 어머니로부터는 바느질을 배우고 부엌일은 엄격하게 익혔는데, 그 당시 빠르게 익히는 솜씨를 지켜본 이들이 감탄할 정도로 평판이 자자하였다.

안견의 〈사시팔경도〉
이른 봄부터 늦은 겨울까지 각 계절마다 계절의 뚜렷함을 나타내고 있다.

제3장

아름다운 모전자전

강월 오죽헌(烏竹軒)은 신사임당의 생가인 동시에 아들 율곡의 생가(生家)이기도 하다. 바로 이곳 오죽헌에서 아름다운 모전자전(母傳子傳)이 이루어진 것이다.

강원도 강릉의 북평 마을은 앞쪽에 파란 물결이 출렁거리는 동해가 드넓게 펼쳐져 있고, 뒤로는 동쪽과 서쪽을 남북으로 가로 지르며 우뚝 솟아 오른 대관령을 등지고 있는 조용한 마을이다.

그 아래에 아담한 기와집이 한 채 외따로 있으니 그곳이 바로 오죽헌이다. 안채에서는 어머니가 어린 딸을 앞에 앉혀 놓고 조용히 글을 가르쳤다.

"모름지기 여자란 여필종부(女必從夫)가 되어야 하느니라. 여자는 무엇보다도 현숙한 어머니와 착한 아내가 되어야 본분을 다 하는 것이로다. 먼 옛날 중국 주나라 문왕의 어머니 태임은 아기를 위해 항상 마음을 올바르게 갖고 말을 곱게 하며 몸가짐을 단정히 하였다고 한다. 너는 언제나 부덕의 모범을 보인 태임을 본받도록 해야 할 것이야."

"태임의 아들 문왕은 어떤 사람이었나요?"

"덕으로써 나라를 다스리고 훌륭한 정치를 하여 성왕(聖王)으로 존경받은 인물이란다."

"그 왕은 어머니의 감화가 컸나 봐요?"

"그렇단다. 그러니 너도 그 어머니 같은 여인이 되어야 할 것이여!"

"예! 명심하겠습니다."

어린 딸은 어머니의 말을 귀에 담아 넣었다.

그가 바로 뒷날 현모양처의 표상으로 이름을 날린 신사임당 신인선이다.

신사임당은 진사인 신명화와 용인이씨 사이에서 1504년(연산군 10년)에 태어났다.

신사임당의 학문과 예술성은 어머니 용인 이씨로부터 물려받은 모전여전이었다. 결혼한 뒤에도 서울 시댁에서 생활하지 않고 계속 친정 부모를 모시고 생활하였다.

그런 연유로 신사임당은 그 당시 일반적으로 결혼한 여자들이 겪는 고추보다 맵다는 시집살이의 정신적 고통이나 한 가정을 돌봐야 하는 며느리로서의 분주함에서 벗어날 수 있었기 때문에 비교적 자유롭고소신 있게 자녀 교육에 전념할 수 있었다.

긴 안목으로 보면 신사임당의 뛰어난 예술과 학문은 또한 외할아버지의 영향을 많이 받았다. 즉 외할아버지의 학문과 예술적인 DNA가 현명하고 냉철한 어머니 용인이씨를 통해서 신사임당에게 고스란히 전달된 셈이다.

조선시대의 책을 읽는 여인

조선시대에는 여성이 책을 읽는 것이 흔치 않다는 생각에서 이 그림은 매우 독특한 사료이자 당시 글 읽는 여인의 모습을 볼 수 있다. 신사임당은 아버지 신명화의 적극적인 후원으로 여러 서책과 특히 그림 공부에 필요한 화첩들도 부족함이 없이 보고 읽었다. 그림은 18세기의 선비 화가 윤덕희의 작품이다.

■ 한학(漢學)으로 지혜 터득

사임당은 한학(漢學)을 통하여 해박한 지혜를 터득하였는데 기억력이 남달리 비상하여 한학의 기본 서적을 쉽게 이해하면서 그 심오한 문리(文理)를 빠르고도 정확하게 터득하였다. 그녀는 어린 시절부터 유교의 경전과 성현들의 양서들을 널리 읽으면서 학문을 닦았다.

신사임당은 뛰어나고 빼어난 글귀로 한시를 지어 주변 사람들을 놀라게 하였을 뿐 아니라 여성으로서 어려서부터 자수와 바느질 솜씨 그리고 그림에도 놀라운 재능을 발휘한 그야말로 팔방미인이었던 것이다.

나이 겨우 일곱 살 때에는 조선 초기 세종,세조 때의 유명한 화가였던 안견(安堅)의 그림을 본떠 그려 주위 사람들로부터 찬사를 받았다.

특히 그녀는 산수화와 포도, 풀, 벌레 등을 그리는 데 뛰어난 재주를 보였다.

어머니가 자수를 뜨는 것을 보고 그림을 그려가며 흉내를 내자 그림에도 남다른 재능이 있음을 간파한 외할아버지가 외손녀인 사임당에게 7세 때부터 그림을 정식으로 배우도록 이끌어주었는데 그때 그림 교재가 유명한 화가였던 안견의 산수화였다.

몽유도원도(夢遊桃源圖)

조선 전기의 화가인 안견의 대표작으로 안평대군(安平大君)이 꿈에 도원에서 논 광경을 안견에게 말하여 그린 작품이다.
이 작품은 한국 산수화 발전에 큰 영향을 끼쳤을 뿐 아니라 신사임당에게도 영향을 주었다.
그러나 안타깝게도 이 작품의 진본은 일본 덴리 대학 중앙도서관에 소장되어 있다.

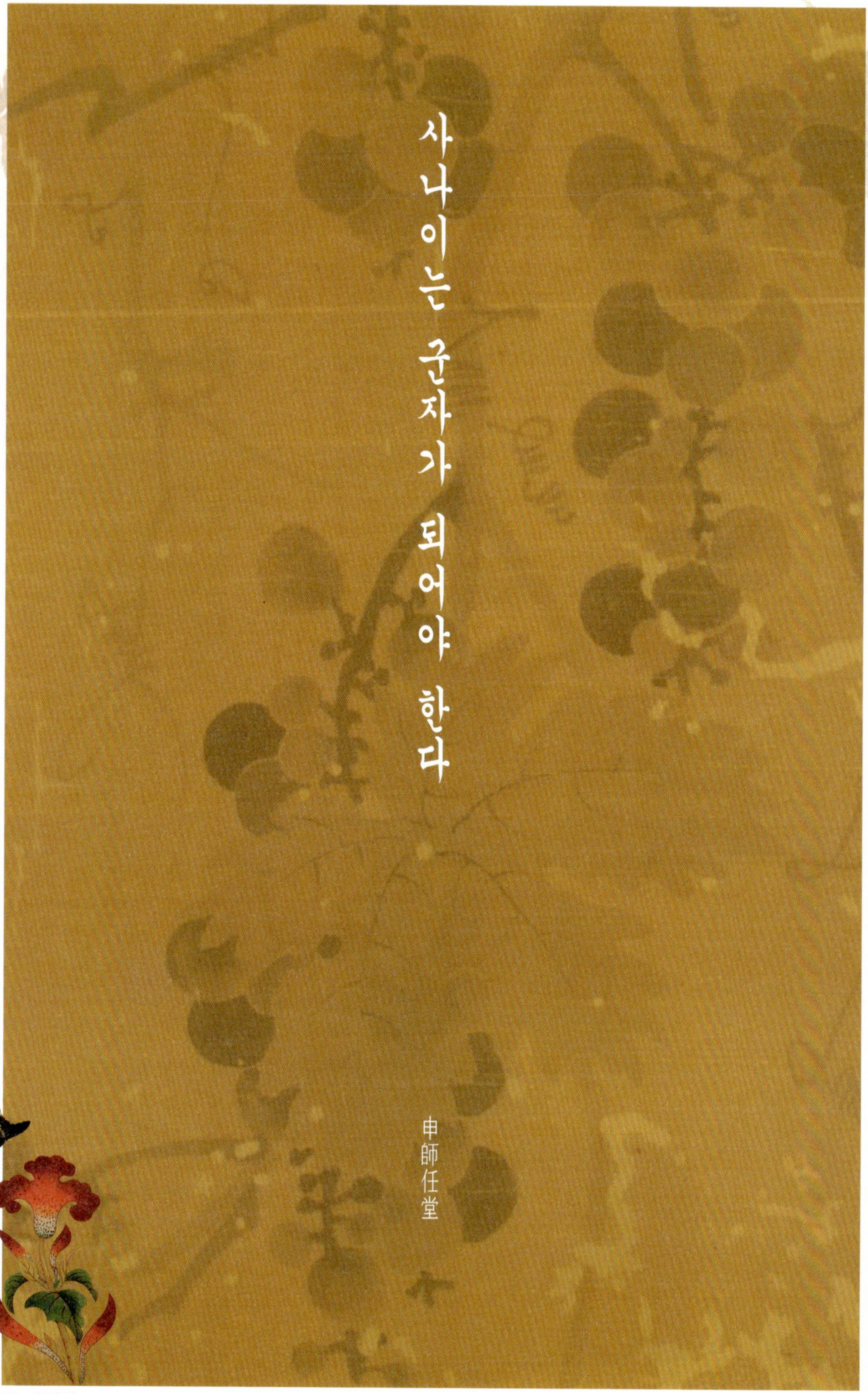

사나이는 군자가 되어야 한다

申師任堂

제4장

투철한 교육 정신

우리 어머니들이 자녀교육에 대해 쏟는 열정은 예나 지금이나 눈물겹도록 희생적이다. 그런 사례는 세월이 가고 시대가 바뀌어도 변하지 않는다. 이는 곧 자녀에 대한 어머니의 헌신적 사랑이다.

결혼한 여성들은 모든 희비애락을 다 겪으면서 한 가정의 며느리로서, 아내로서, 그리고 어머니로서의 역할을 다 해야 했다.

그렇다면 신사임당도 마찬가지였을까? 아마도 다른 보통 여성들과는 많이 다른 삶을 살았다는 데서 마찬가지라고 볼 수는 없을 것이다. 신사임당은 아들딸을 가르치느라고 일생동안 놀이 한 번 간 일이 없다는 전한다. 그런 사실은 아들 율곡이 지은 어머니 기록인 《선비행장》어디에도 놀이를 다녀왔다는 기록이 나와 있지 않다는 데서 더욱 분명해진다.

조선시대 여성은 어진 어머니가 되기 위하여 스스로 몸을 닦는 것이 그 중요한 목표이자 덕목의 하나였다. 여성이 결혼한 뒤에는 자녀들을 낳고 사람답게 키우는 데 온갖 정성을 기울이는 것이 부덕이고 현모가 되는 조건이라고 여겼다.

그 어려운 유교적 도덕과 가정환경 속에서도 일단 어머니가 되는 순간부터 현모로서의 몸가짐을 바르게 하면서 자녀 교육에 헌신하였다.

조선시대 양반 가문의 여성의 육아모습

■ 부덕을 쌓으며

신사임당은 당대에 시와 서예 그리고 그림의 여류 명사일 뿐 아니라 뛰어난 인격자이면서 덕이 높은 현부인이요, 어버이에게는 지극한 효녀이면서 자녀들에게는 어진 어머니였다. 그 성품과 행실이 현숙하고 인자한 여성이었다.

이미 결혼 전에 신사임당은 현모가 되기 위하여 여성으로서 갖추어야 할 언어 뿐 아니라 여성들이 집안에서 지켜야 할 도리 그리고 예의범절 등을 착실하게 익혔다.

《열녀전》과 《소학》등의 여성 교훈 서적을 읽으면서 자신의 목표를 부부와 효친 그리고 검소 등에 두고 현모양처의 교육적 인간상을 그리면서 부덕을 쌓는데 힘썼다.

부인의 덕과 언어, 부인의 용모와 공덕 등 여러 분야에 걸친 교육 사상을 익혔다. 대체로 부인의 덕과 언어, 용모 등은 여자로서의 인품과 사람됨을 나타내는 것이고 부덕은 여성으로서 해야 할 임무를 말한다. 그러니 이 모든 것은 부인의 도리에 이르는 길이 되는 지침이었다.

신사임당은 이러한 덕목과 행실을 제대로 하여 다른 사람의 입에 오르내리는 일이 없어야 한다는 가르침을 생활신조로 삼았고, 자애로움과 관용으로서 사람다운 사람이 되고, 없어서는 안 될 꼭 필요한 사람이 되도록 가르쳐 깨닫게 하는 것을 자녀들에게 일러 주었다.

또한 사람으로서 몸소 언행에 주의해야 된다는 것을 평소 생활에서 솔선수범 실천해 보여주었다.

신인선(申仁善)

신사임당은 당호이며 본명이 신인선이다. 신사임당은 조선 시대 중기의 문인이자 유학자, 화가, 작가, 시인이었다. 또한 부군인 이원수와 사이에서 성리학자 겸 정치인인 율곡 이이의 어머니이기도 하다.

■ 온화한 처신

신사임당은 자녀들에게 그 처신이 항상 온화하면서도 엄숙한 태도로 대해주어 따르게 하였다.

부모와 시부모를 섬기는 효성, 형제간에 우애하는 일, 친인척과 동서 간에 화목하게 지내는 방법, 제사 받드는 예법, 일을 부지런히 하는 근면정신, 남에게 해를 끼치지 않는 일, 친구 사귀는 관계, 남편 내조하는 도리, 의복과 음식 만드는 지혜, 손님을 대접하는 예절, 재물을 아껴 쓰는 절약정신 등을 하나하나 주의 깊게 익히고 실천하였으며 또 자녀들에게도 가르쳤다.

그뿐 아니라 자녀교육의 목표를 몸가짐에 두면서도 장차 나라에 충성하고 큰일을 할 수 있도록 하기에 힘썼다.

이러한 신사임당의 자녀교육은 이론으로서만 가르친 것이 아니라 이를 그 자녀들에게 실천에 옮기도록 일깨워 주고, 그 길을 바르고도 돈독하게 이끌어 주었다.

그리하여 그 자녀들 스스로 먼저 자기 몸을 닦고 남을 다스리는 수기치인(修己治人)의 도의를 완수한 사람이 되도록 가르쳤다.

그리하여 오늘의 우리는 신사임당의 교육사상을 통하여 엄격한 어머니의 좌표와 어진 어머니의 마음을 다시 한 번 되새기게 한다.

이와 같은 신사임당은 천추에 변하지 않는 겨레의 스승이자 사표가 되고 있는 것이다.

■ 신동(神童) 아들 훈육

신사임당의 아들 율곡은 유별난 신동(神童)으로 이름이 났었는데 셋째 아들 율곡이 유별나다는 것을 느끼면서 더욱 세심한 주의를 기울였다. 첫째와 둘째 아이와는 사뭇 다르게 총명함을 보였기 때문이었다. 신사임당은 그런 아들을 헌신적인 사랑과 정성으로 키웠다.

현룡이는 어느 날 어머니에게 이렇게 말했다.

"어머니, 저도 글을 배우고 싶어요."

"뭐라고? 글을 배우겠다고?"

"네, 그래야 훌륭한 사람이 될 거 아니어요?"

신사임당은 아직 세 살도 채 안 된 아이가 글을 배우겠다는데 너무도 깜짝 놀랐다. 철부지 어린 아들이 글을 배우겠다고 하니 기특한 생각에 앞서 무엇부터 어떻게 가르쳐야 할지 몰랐다.

어머니는 자기가 옛적에 배운 대로 천자문부터 한자씩 가르쳤다. 그때는 처음 글을 배우는 아이들에게 가르쳐 줄 적당한 교재가 천자문 외에 마땅한 것이 없었다.

그런데 천자문으로 교육을 시켰는데 현룡이의 학습 진도가 놀랄 만큼 앞서가는 것이었다.

■ 외할머니의 극진한 사랑

하루는 외할머니가 외손자 율곡에게 나직한 목소리로 말했다.

"현룡아! 이리 온."

외할머니의 말을 들은 현룡이는 엉금엉금 뒤뚱거리며 외할머니에게 다가갔다. 외할머니는 현룡이에게 빨간 석류 한 개를 내밀었다.

"할머니! 석류네요!"

"그렇단다. 너는 이걸 보고 무얼 생각했느냐?"

현룡이는 말없이 외할머니를 바라보았다. 그러더니 엉뚱한 말을 했다.

"황금 주머니 속에 빠알간 구슬이
대롱대롱 부서져 있네."

현룡이는 거침없이 동시를 읊었다.

그 말에 외할머니는 눈을 크게 뜨면서 외손자를 물끄러미 바라보았다.

세 살짜리 외손자 입에서 이런 동시가 불쑥 튀어나오다니, 녀석이 참으로 총명한 아이라는 생각이 든 것이다. 보통 아이가 아니라는 느낌이 들었다.

그런데 현룡이가 또 어른스런 말을 했다.

"할머니! 아주 먹음직스러워 침이 꿀꺽 넘어가네요."

"참으로 영특한 애로구나! 어쩜 제에미를 그렇게 꼭 빼닮았을고!"

외할머니는 현룡이의 등을 토닥거려주고는 석류 껍질을

을 벗겨 외손자 입에 넣어 주었다.

"우리 현룡이는 석류 속까지 보았구나! 나는 겉만 보았는데…."

"아니어요. 겉이 빠알가니까 속은 더 예쁠 거여요."

"참! 너는 어쩌면 그리도 에미와 닮았느냐?"

"어머니가 읽고 있는 글 가운데 그런 구절이 있던데요."

"뭔데? 그걸 잊지 않고 외우고 있다니! 우리 강아지야!"

외할머니는 다시 한 번 현룡이의 엉덩이를 톡톡 치며 웃었다.

옆에 앉아 수를 놓고 있던 신사임당이 말했다.

"어머니! 애가 보통 아이가 아닌가 봐요?"

"나도 그렇게 느끼고 있단다. 용꿈을 꾸고 낳았으니 필경 큰 인물이 될 것이야."

"공부하는 속도도 너무 앞서가고 있어요."

"석류를 보고 읊어대는 것이 대견스럽구나. 잘 가르쳐야 할 것이야!"

이 아기를 뒷날 대학자로 키운 사람은 신사임당이었다.

과거시험을 보는 족족 장원급제를 따내며 소위 9관왕에 올랐고, 왜적이 침입할 것을 미리 예측하고 10만 양병론을 주장한 성리학자 율곡 이이는 외할머니의 따뜻한 손에서 크고 어머니 신사암당의 헌신적인 가르침을 받으며 자랐다.

10만 양병론

율곡 이이가 조선의 정세를 걱정하여 임금께 상소를 올린 주장으로 다가올 외적의 침입을 앞두고 도성에 2만, 팔도에 1만의 병사들을 모집, 흔련시켜야 한다고 주장하였다. 그러나 정세에 어두운 문무대신들이 반대하여 임금으로부터 거절당하고 율곡 이이는 관직에서 사직한다. 그 후 몇개월 후 왜군이 일으킨 임진왜란에 조선은 큰 전란에 휘말리게 된다.

제5장

자녀 교육에 헌신

신사임당은 아들딸 교육을 위해 자신의 희생을 기꺼이 감수했다. 그러나 무조건적으로 희생하지 않았고 자녀들에게 스스로 공부하는 방법을 일깨워 주는데 온 정성을 기울였다. 그래서 현모양처로 더욱 존경을 받고 있는 것이다.

오늘날 우리 어머니들은 자녀의 교육을 위해서라면 모든 희생을 감수해야 하는 것을 너무나 당연하게 여기고 있다.

그런 열성적인 면에서는 한국의 모든 어머니들이 신사임당과 다를 바 없다고 할 것이다. 하지만 안타깝게도 우리 주위에는 자식을 위해 자신의 모든 것을 희생하고 심지어 자기계발마저 포기해버린 어머니가 너무나 많다는 사실이다.

그렇다면 과연 그런 어머니를 진정으로 현명한 어머니라고 할 수 있을까?

훗날 성장한 자식이 그런 어머니를 볼 때 과연 훌륭한 어머니였다고 생각할 수 있을까?

아마도 긍정적인 대답보다는 아니라고 하는 부정적 대답이 더 많을 것이다.

신사임당은 실제생활에서 스스로 모범을 보인 어머니였기에 더욱 더 빛나는 훌륭한 어머니로서 높이 평가를 받고 있는 것이다.

신사임당은 심지어 스스로 몸과 마음과의 관계 그리고 감정이 사람의 몸에 끼치는 영향을 생각하여 태아의 정신세계에도 세심한 관심을 두어 사물을 보는 것, 냄새를 맡는 것, 식사를 하는 것, 남의 말이나 소리를 듣는 것, 말을 하는 것, 갖추어야 할 몸가짐에 이르는 모든 것에서 올바르지 않은 것은 생각하지도 행하지도 않도록 태교에 각별히 신경을 썼다.

신사임당은 일반적으로 어떤 사사로운 감정에도 마음이 쏠리는 심약한 여인의 감정을 조절하는 것에까지도 세밀한 주의를 게을리 하지 않았다. 그런 생각으로 몸소 실천하였고 진실한 마음으로 성심 성의껏 자녀들을 가르쳤다.

■ 영원히 살아 있는 여성

신사임당은 21세기 오늘날에도 영원히 우리 가슴에 살아 있는 여성이다. 현모양처 신사임당을 모르는 사람을 아무도 없을 것이다. 신사임당이 16세기 사람인데도 마치 현재 생존하는 사람처럼 여겨진다. 앞에서도 언급 했듯이 원래 사임당이라는 당호는 고대 중국의 현모양처로 알려진 주나라 문왕의 어머니인 태임을 계승했다는 의미에서 붙여진 것인데도 그 명칭이 한국 현모양처의 대명사로 불멸의 호칭으로 길이 전해지는 것을 보면 참으로 신기할 뿐이다.

신사임당은 조선시대 최고의 학자이자 역사에 뚜렷한 획을 그은 여류 예술가였다. 율곡 이이의 어머니이기에 자녀 교육에 무한한 관심이 많은 젊은 어머니들은 물론이고 많은 사람들이 주목하고 있는 것이다.

아들을 그렇게 훌륭하게 키웠으니까 도대체 무슨 특별한 교육 지도법이 있지 않았을까? 하고 궁금하게 여기는 사람들이 많다. 원래 선천적으로 아들 율곡의 IQ가 높았을까? 아니면 신사임당의 자기희생이 그만큼 컸던 것일까? 아니면 교육열이 진정 강렬하였던 것일까?

여러 가지로 궁금하게 여기면서 많은 생각을 할 수 있다. 더구나 신사임당의 남편이 그다지 뚜렷한 관직을 지낸 인물도 아니고 그렇다고 해서 대대로 내려오는 부유한 집안도 아닌데 어떻게 자신의 예술 활동을 지속적으로 병행하면서 아들딸을 교육시켰을까?

보통 어머니들이 말하는 것처럼 열심히 공부하라고 닥달하거나 보챘거나 강요하였을지도 모른다는 생각을 하는 사람들도 있을 것이다. 특히 아들 율곡에게 훌륭한 멘토 스승을 만나게 해주기 위해서 맹자의 어머니처럼 이리저리 찾아다닌 것도 아니고, 더욱이 유명한 학자를 집에 초빙해서 교육시킨 것도 아니며, 그렇다고 해서 한양의 교육 중심지로 아들을 보내 특별 사교육을 시킨 것도 아니다. 그럼에도 불구하고 율곡, 이우, 매창 같은 훌륭한 인물이 배출되었다.

■ 한양~강릉 천리길 오가며

신사임당은 당시 버스나 기차, 자동차도 없던 그 옛날, 한양과 강릉 천리 길을 오가며 7남매를 낳았다.

신사임당은 큰아들과 넷째아들은 한양 시댁에서 낳았고 나머지 5남매는 모두 강릉의 친정, 오죽헌에서 낳은 것으로 알려져 있다. 그러나 큰아들과 셋째 이외의 자녀들에 대해서는 그 출생지가 구체적으로 분명하게 밝혀져 있지 않다.

신사임당은 결혼한 이후 잠시 한양에서 살았을 뿐 대부분의 세월을 친정인 강릉에서 살았다. 또 중간에 강원도 봉평에서 잠깐 지낸 적도 있었다. 그리고 말년에는 경기도 파주 율곡촌에서 생활하였다.

남편 이원수는 과거시험을 준비하느라고 아내와 자식을 처가에 맡겨둔 채 한양에서 살았다. 그런 환경인데도 율곡과 이우, 매창 등이 학자로 또는 예술가로 크게 성공한 것이다.

한양에 비해 교육 여건이 크게 떨어졌을 것이 분명한 강릉의 교육 환경 속에서 신사임당의 일곱 자녀는 무럭무럭 자랐고, 일부는 조선 최고의 선비와 예술가로, 그리고 당대 최고의 현숙한 부인으로 이름을 떨쳤다.

■ 자녀 교육의 비결

그렇다면 신사임당의 자녀교육 비결은 과연 무엇일까?

강릉의 푸른 바다와 대관령의 자연 환경이 신사임당의 일곱 자녀들을 키워주고 교육시켜준 것일까?

아마도 그런 자연적인 혜택도 분명 있었을 것이다. 까다로운 격식과 지체(地體)를 앞세워 체면만을 차리는 한양의 양반 생활에 비해 비교적 자유롭고 전원적인 강릉의 생활이 어린 아들딸에게 정서적인 토양이 되었을지도 모를 일이다.

하지만 그런 외형적인 조건을 떠나서 빼놓을 수 없는 근본이 있는데 그것은 바로 어진 어머니와 현명한 아내 그리고 효심 기득한 딸로 여기는 신사임당이 그 한 복판에 자리 잡고 있었던 것이다.

신사임당은 어린 자녀들과 남편이 자연스럽게 활동하도록 배려하면서도 신사임당 스스로의 삶에서 참다운 모범을 보

보여주는 현명하고 지혜로운 현모양처였다. 자기 스스로가 홀어머니에게 더할 나위 없는 효녀였고, 자녀들에게는 언제나 올바른 행동을 보여 주었으며 오랜 세월 동안 떨어져 사는 부부로서 남편에게도 아내로서의 도리를 다한 여성이었다. 그러면서도 항상 책과 붓을 손에서 놓지 않았다.

실제 생활에서 학문을 닦는 모습을 자연스럽게 보여주는 것이 바로 인자한 어머니의 덕목임을 잃지 않았다. 일곱 자녀들에게는 배움 그 자체를 손수 보여주었던 스승이자 정신적 멘토였던 것이다.

신사임당은 아들 율곡에게 어려서부터 글을 가르쳤는데 강릉 오죽헌에서 태어난 율곡은 여섯 살 무렵 한양으로 올라왔고, 여덟 살 때에 파주 율곡리에 있는 화석정(花石亭) 올라 시를 지었다고 한다.

조선 최고의 대학자로 손꼽힌 율곡은 한양과 파주 율곡리, 그리고 외가이자 생가인 강릉 오죽헌을 오가며 성장했다. 그런 이이는 조상들의 고향 마을 이름인 파주 율곡리에서 자신의 호를 율곡으로 정할 만큼 고향에 대한 애정이 깊었다.

화석정

경기도 파주시 파평면 율곡리 임진강변에 위치한 정자로 율곡 이이가 작시, 연구와 묵상을 하던 곳이다. 또한 이곳은 왜구의 침공에 대비해 10만양병설을 주장한 율곡 이이의 상소를 받아들이지 않은 선조가 임진왜란 때 의주로 피난 가던 중 한밤중에 강을 건널 때 이 정자를 태워 불을 밝혔다는 이야기로도 유명하다.

● 임진강이 내려다 보이는 화석정 내부.

■ 16살 때 어머니 여읜 율곡

율곡은 16세 때에 어머니 신사임당이 세상을 떠나자 파주시 율곡촌 자원서원에 묘소를 마련하고 장례를 지낸 뒤에 3년간을 어머니 산소 옆에 초막을 짓고 생활하는 시묘살이를 하였다.

그리고 19세에 조선 중기의 문신 학자인 성혼과 도의로 친분을 맺었다. 아버지가 주막 여인 권씨와 재혼하자 세상일을 비관하며 금강산 마하연 절에 들어가 불교 경전을 공부하고 다음 해 20세에 하산하여 외가인 강릉으로 돌아와 자경문을 짓고 다시 성리학에 전념하였다.

자경문은 입지(立志)、과언(寡言) 등 11개의 조항으로 되어 있는데, 스스로를 경계하기 위한 구체적인 방법을 세운 것이라고 할 수 있다.

그리고 22세에 성주목사 노경린의 딸과 결혼하였는데 그 해 겨울에 과거시험 별시에서 천문、기상의 순행과 이변 등에 대해 논한 천도책으로 장원급제를 했다.

또한 율곡은 1564년(명종 19년)에 실시된 과거시험 대과에서 문과의 초시와 복시 、전시에 모두 장원으로 합격하여 삼장 장원으로 불렸다.

그뿐만이 아니었다. 생원시험 、진사시험을 포함해 응시한 아홉 차례의 과거시험에 모두 장원으로 합격하여 사람들이 그를 9도 장원공(九度壯元公)이라 일컬었다.

대과에 급제한 뒤에 정6품 호조 좌랑으로 관직에 나선 뒤에 예조와 이조 좌랑을 거쳐 왕에 대한 간쟁과 논박을 담당하던 사간원 정언과 사헌부 지평 등의 높은 직위에 올랐다.

1568년(선조 1년)에는 천추사 서장관으로 명나라에 다녀왔으며, 1569년 홍문관 부교리로서 역사의 기록과 편찬을 담당하던 춘추관 기사관을 겸하여 명종 임금의 실록을 정리하는 《명종실록》편찬에 참여하였다.

1570년(선조 3년)에는 관직에서 물러나 황해도 해주에서 학문에 전념하였고 1571년 청주목사로 다시 관직에 올랐으나 이듬해 관직에서 물러나 해주로 낙향했다가 파주 율곡촌으로 거처를 옮겼다.

그리고 선조 6년에 다시 조정의 부름을 받아 승정원의 동부승지 · 우부승지를 역임했으며, 선조 7년에 당시 사회문제들에 대한 구체적인 대책을 논한 《만언봉사》를 지어 선조에게 바쳤다.

그해 사간원 대사간으로 다시 임명되었으나 이를 사양하고 낙향하였다. 하지만 다시 황해도 관찰사로 관직에 올랐고, 그 뒤 대사헌, 홍문관 부제학 등을 역임했다.

홍문관 부제학으로 제왕학의 지침서인 《성학집요》를 저술하여 선조에게 올렸으며 선조 10년에 관직에서 물러나 해주로 낙향하여 청소년 교육을 위한 교재《격몽요결》을 편찬했다.

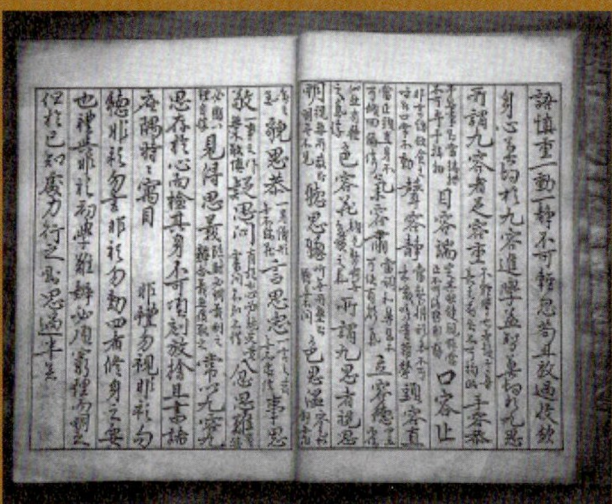

이이 수고본의 격몽요결 원본.

격몽요결(擊蒙要訣)

선조(宣祖) 때 율곡 이이가 청소년들의 학습을 위하여 저술한 책으로 저술 직후부터 조선시대 초학자는 물론, 사림(士林)에서 읽혀야 할 책으로 널리 유포되었으며, 인조 때는 전국 향교에 이 책을 내려서 교재로 삼게 하였다.

그후 1581년 대사헌과 예문관 제학을 겸임하며 다시 관직에 올라, 동지중추부사를 거쳐 홍문관과 예문관의 대제학을 지냈다.

이듬해인 1582년에 이조판서, 1583년에 병조판서가 되어 선조에게 《시무육조》를 바치며 10만 양병설 등의 개혁안을 주장하였으나 당쟁을 조장한다는 동인의 탄핵을 받아 관직에서 물러나고 말았다.

만일 그때 10만 양병설을 받아들였다면 임진왜란을 겪지 않았을지도 모른다는 것이 후대 역사가들의 지적이다.

율곡은 이후 다시 이조판서와 판돈령부사 등을 지냈다.

1584년 음력 1월 16일 49세의 나이로 한양 대사동에서 세상을 떠났는데 죽은 뒤에는 파주 율곡촌 자운산 선영에 묻혔으며, 1624년(인조 2년) 문성공(文成公)이라는 시호를 받았다.

파주 자운서원, 강릉 송담서원, 풍덕 구암서원, 황주 백록동서원 등 전국 20여 개 서원에 배향되었으며, 1682년(숙종 8년)에는 성혼과 함께 공자를 섬기는 문묘에 우리나라의 명현으로 배향되었다.

제6장

꿈을 가꾼 여성

현모양처의 상징으로 꼽히는 신사임당은 조선시대 중기에 시와 글씨, 그리고 그림과 자수 등에 뛰어난 여류 예술가이자 효성이 지극했던 어머니였다.

신사임당은 1504년 12월 5일(음력 10월 29일) 강원도 강릉시 죽헌리 북평촌에서 출생하여 1551년 6월 20일(음력 5월 17일) 서울 삼청동에서 세상을 떠난 여성이다.

본명은 신인선이고, 사임당은 당호이다. 당호란 본채나 별채를 나타내는 이름인데, 신(申)은 성씨이고 당(堂)은 안주인이 기거하는 안채를 말하며, 사(師)는 스승을 의미한다.

본명보다는 사임당으로 유명한 신사임당은 성리학자 겸 정치가로 충신이었던 율곡 이이, 옥산 이우, 화가 이매창의 어머니로 유명하다.

외할아버지 이사온에게서 성리학을, 그리고 기묘사화로 관직을 단념하고 고향에서 은거한 아버지 신명화로부터 한학과 성리학을 교육받으며 성장했다.

감찰을 지낸 이원수와 결혼한 신사임당은 시댁인 한양으로 가지 않고 강릉 친정에서 지내던 중에 아버지가 아들 없이 세상을 떠나자 3년 상을 마칠 때까지 친정인 오죽헌에서 지냈다.

그 뒤 한양과 경기도 파주의 시댁과 강원도 강릉의 친정집을 오가면서 친정어머니를 극진히 모신 효녀였다.

아들 다섯과 딸 둘 등 7남매 자녀들을 두고 심장질환으로 일찍 세상을 떠났지만 둘째 아들 이이는 대학자이자 정치인으로, 넷째 아들 이우와 큰딸 이매창 등은 문인 화가로 명성을 날렸다.

특히 아들 율곡 이이가 과거시험 장원 9관왕이 되고 정치적, 학문적으로 크게 성공하도록 가르친 어머니로서, 그리고 정숙한 현모양처의 표상으로, 존경받는 겨레의 스승으로 길이 추앙받는 인물이 되었다.

그림과 서예, 시에서 재주가 탁월하였고, 십자수와 옷감 제작에도 뛰어난 솜씨를 보였으며, 성리학적 소양이 깊고 도학과 문장, 고전, 역사에도 해박한 지식을 지녔다.

아들 이이가 조선시대 대표적 대학자로 명성을 떨친데 이어, 시댁 친족인 충무공 이순신 장군이 국가적 영웅으로 추앙되고, 신사임당도 현모양처의 상징으로 존경을 받으면서 국사와 국어 교과서 그리고 미술 교과서에 시와 작품이 실리고 위인전으로도 널리 알려졌다.

이순신(李舜臣)

조선시대의 장수로 임진왜란에서 삼도수군통제사로 수군을 이끌고 전투마다 승리를 거두어 왜군을 물리치는 데 큰 공을 세웠다. 이순신 장군과 율곡 이이의 아버지 이원수와는 19촌 숙질이 되는 먼 친척으로 덕수 이씨 가문의 출신이다.

이순신 장군 동상

■ 모자(母子)가 화폐 주인공

신사임당은 우리나라 역사상 여성 최초로 지폐의 주인공으로 등장했다.

대한민국 정부에서는 2007년 한국 여성계의 반대와 집단 반발에도 불구하고 50,000권 지폐의 주인공으로 신사임당 초상화와 신사임당의 포도 그림을 전격 도안하여 발권(발행)하였다.

신사임당은 새로운 고액권 지폐인 5만원권에 도안됨으로써 우리나라에서는 물론 지구촌 어느 나라에서도 유례를 찾아볼 수 없는 최초의 여성 등장인물이 되었다. 또한 우리나라 지폐의 등장인물 가운데 유일하게 어머니와 아들이 동시에 등장하는 주인공으로 떠올랐다.

아들 율곡은 어머니 신사임당보다 훨씬 앞서서 1960년대 제3공화국 당시 5,000원권에 주인공으로 도안되었다.

신사임당이 50,000원권에 등장될 때인 2007년 11월 여성계가 집단 반대하면서 한국은행의 화폐발행 사상 가장 격렬한 사례를 남겼다.

그때 상당수 여성계 인사들은 신사임당에 대해 부정적 의견을 거침없이 쏟아내면서 매우 격렬하게 반대했다.

그때 쏟아진 반대 의견들은 이렇다.

"오늘날 신사임당을 현모양처의 표상으로 삼는 것은 시대에 맞지 않다.

왜냐하면 신사임당은 조선시대 때 만들어진 현모양처이다. 화폐 인물 선정만큼은 절대로 여론조사에 의존해선 안 된다.

기존 남성 중심 사회의 입맛에 맞았던 인물을 여성이라는 이유로 다시 내세워선 안 된다. 새 돈에 들어갈 여성으로는 유관순이 가장 합당하다."

유관순(柳寬順)

1919년에 이화학당 고등부에 진학하였다. 3월 1일 3.1 운동에 참여하고 3월 5일의 만세 시위에도 참여하였다. 총독부의 휴교령으로 천안으로 내려와 후속 만세 시위에 주도적으로 참여했다가 일제에 체포되어 공주지방법원에서 징역 5년형을 선고받고 항소하였고, 경성복심법원에서 징역 3년을 선고받아 형이 확정되었다. 일제의 교도소 내 가혹행위로 인해 1920년 9월 28일에 사망했다.

유관순 열사의 영정

새 지폐에 여성을 주인공으로 하려면 신사임당 대신 유관순을 선정하던가 아니면 다른 여성을 선정하여 도안하라고 여성계가 집단 반발한 것이다.

그러나 한국은행은 신사임당을 5만원권 주인공으로 선정하였다. 신사임당이 여성계의 집단 반발에도 불구하고 화폐 등장인물 가운데 최초의 여성 인물로 그 동안의 관례를 깨고 최고 고액인 50,000권에 등장한 것은 상당한 의미가 있다.

신사임당은 태어난 지 500여년이 지난 오늘날까지도 우리나라의 여성들 가운데 현모양처를 대표하는 상징이기 때문에, 그런저런 과정을 거쳐 5만원권 지폐의 주인공으로 등장하고 영원히 살아있는 여인상으로 부각되었다.

여성이 최초로 화폐 도안 인물로 선정된 것은 그 대상이 누구이건 간에 그만큼 여성의 사회적 위치와 역할이 커졌다는 사실을 담고 있다는 점에서 바람직한 일이라는 지적이다.

제7장

신사임당의 가문

신사임당의 집안 내력을 보면, 뼈대 깊은 양반 가문 출신임을 알 수 있다. 그 집안의 조상은 고려 개국공신이자 태조 왕건을 대신하여 전사한 신숭겸 장군이다.

그는 대구 공산 싸움에서 견훤의 군사들에게 포위를 당해 대장군 왕건이 위기에 빠지자, 자신이 왕건으로 변장하고 왕건을 구출한 뒤 장렬하게 싸우다가 전사한 장군이다.

그로부터 내려오면서 후손들이 번성했는데, 신사임당의 고조할아버지는 문희공 신개(申槩 ; 1374-1446년)였는데

신숭겸(申崇謙)

고려 초의 무신. 궁예를 폐하고 왕건을 추대하여 고려 개국의 대업을 이루고 공산에서 견훤의 군대에게 태조가 포위되자 그를 구하고 전사했다.

신개는 세종대왕 시절 예문관 대제학과 대사헌 그리고 도총제 등 여러 관직을 지냈고, 나중에 우의정을 거쳐 좌의정까지 오른 인물이다.

신사임당의 할아버지 신숙권은 영월군수를 지냈다. 그러나 친정아버지 신명화는 진사에 그쳤다.

임진왜란 때 충주 탄금대에서 왜적과 싸우다가 전사한 3도순변사 신립 장군은 신사임당의 9촌 조카였고, 대한민국의 정치인 해공 신익희는 14대 방손이다.

아버지 신명화는 처가의 도움을 받아 한양 본가에서 과거시험 준비공부를 계속하였다. 그러면서도 한양에서 강릉까지 천리 길을 한 해에 몇 번 처가로 내려가기를 계속하였다.

몇 차례 과거시험에 응시했으나 낙방하다가, 1516년(중종 11년) 소과에 합격하여 진사가 되었는데, 그때 그의 나이 41세였다.

당시 조광조가 등용되어 급진적 개혁정치를 펴면서 신명화와 그의 사촌동생 신명인 등도 이들 신진 사류와 상당한 교류를 하였는데, 특히 동생 신명인은 그 중요한 멤버로 활약하였다.

신립(申砬)

조선 중기의 무장이며 신사임당의 9촌 조카이다. 신립은 북변에 침입한 이탕개를 격퇴하고 두만강을 건너가 야인의 소굴을 소탕하고 공을 세워 개선했다. 함경북도병마절도사, 우방어사, 숭추부동지사, 한성부 판윤을 지냈고 임진왜란 때 충주 탄금대에 배수진(背水陣)을 치고 적군과 대결했으나 패했다.

신립(申砬) 장군의 동상

신익희(申翼熙)

경기 광주시 출생으로 독립운동가이며 정치가로 1956년 민주당 공천으로 대통령에 입후보, 자유당의 이승만과 맞서 호남지방으로 유세가던 중 열차 안에서 뇌일혈로 급사했다. 1962년 건국훈장 대한민국장을 받았다.

■ 개혁정치에 휘말려

1519년(중종 4년) 기묘사화가 일어나던 날 신명인은 대궐 뜰에 엎드려 울부짖으며 중종 임금에게 바른말을 간(諫)하는 상소를 올린 것으로 유명하다.

역사에서 기묘사화에 관계한 개혁인물을 기묘명현(己卯名賢)이라고 하는데 조광조, 김식, 한충, 기준, 김안국 등의 젊은 선비를 일컫는 말이다. 이들은 새로운 시대 흐름에 맞게 정치를 개혁해야 한다고 주장하였다.

신하들이 폭군 연산군을 폐위시키고 진성대군을 왕으로 추대한 중종반정으로 임금에 오른 중종은 새로운 생각을 가진 젊은 선비 조광조를 등용하여 정치적으로 새로운 모습을 보이기 시작하였고 임금의 절대적 신임을 받은 조광조는 개혁정치를 단행하였다.

"그동안 연산군에게 아부하다가 지조도 없이 또 다시 중종에게도 아부하면서 중종반정의 공신으로 이름을 올린 간신들이 많다. 이들을 숙청하야야 한다!"

그런데 이 문제로 일대 파란이 일어나고 말았다.

여기서 기성 원로 충신과 신진 선비들 사이에 충돌이 생기게 되었던 것이다.

이에 몇몇 기성 원로학자들이 희빈홍씨의 아버지 홍경주 등과 내통하여 임금의 마음을 돌리게 하면서 나뭇잎에 감즙으로 주초위왕(走肖爲王) 네 글자를 써놓고 꿀을 발라 벌레가 갉아먹게 하였다. 그래서 나무 잎에 주초위왕(走肖爲王)이 선명하게 드러났다. 주(走)와 초(肖)를 합하면 조(趙)가 되어 조씨 곧 조광조가 임금이 된다는 어처구니 없는 은어였다. 성급한 임금이 크게 분노하면서 조광조 일파 100여명이 체포되어 사형 또는 귀양 등에 처해졌다.

조광조((趙光祖)

조선시대 중기의 문신, 사상가이자 교육자, 성리학자, 정치가이다. 중종 때 사림의 지지를 바탕으로 도학 정치의 실현을 위해 적극적으로 활동했다. 천거를 통해 인재를 등용하는 현량과를 주장하여 사림 28명을 선발했으며 중종을 왕위에 오르게 한 공신들의 공을 삭제하는 위훈삭제 등 개혁정치를 서둘러 단행하였으나 사흘 후 기묘사화가 일어나 능주로 귀양갔으며 한달만에 사사되었다.

기묘사화((己卯士禍)

기묘사화는 1519년(중종 14) 음력 11월에 남곤, 심정, 중종 등이 조광조, 김식 등 핵심인물을 몰아내어 죽이거나 혹은 귀양보낸 사건이다. 조광조 등의 세력 확장과 위훈삭제에 대한 불만이 원인 중 하나였다. 신진 사림파의 급진적인 개혁정책 역시 그들을 지지하던 정광필, 안당 등의 반감을 사면서 지원받지 못하였다. 남곤, 심정, 김전, 홍경주, 고형산 등은 후궁과 궐내 세력을 이용하여 조광조일파의 제거 여론을 조성하여 제거하는데 성공한다. 이때 희생된 인물들은 후일 기묘명현(己卯名賢)으로 부른다.

그때 신사임당의 아버지 신명화도 유생들 틈에 같이 있다가 붙잡혀 나흘 동안 감옥에 갇혀 옥고를 치르기도 했다. 그러나 직접 가담자가 아님이 밝혀져 곧 방면되었다.

그 뒤 아버지 신명화는 기묘사화에 연관되었던 관계로 대과에 아예 응시하는 것을 포기하고 진사시험에 합격한 것으로 만족해야 했다.

관직을 단념한 신명화는 처가가 있는 강릉으로 내려와 장인 장모 내외를 모셨다.

사임당의 어머니 용인 이씨는 장인과 사위 사이인 자신의 친정아버지 신명화와 한양 도령인 사임당의 남편(이원수)이 대립하거나 마찰을 일으키지 않도록 신경을 쓰면서 지냈다.

친정어머니 용인 이씨는 돌아가신 부모에게도 효행을 다하고 역시 세상을 일찍 떠난 남편 신명화를 생각하며 재혼하지 않고 정절을 지켰다하여 1528년(중종23년) 나라로부터 열녀로 표창을 받았다.

그리하여 고향인 강릉에는 기념각을 세워 그 공적을 기리면서 추모하는데 그 당시에도 사대부가의 여성들이 과부가 되면 재혼하는 일이 많았다.

그러나 신사임당의 어머니는 일찍 과부가 되었지만 재혼하지 않고 홀로 다섯 딸을 키운 어머니로 높이 존경을 받았던 것이다. 또 딸 신사임당이 일찍 죽은 뒤에도 오래 살아 방황하는 외손자 율곡 이이를 보살피어 큰 인물이 되도록 정신적 · 물리적으로 이끌어 주었다.

열녀각(烈女閣)

열녀의 행적을 기리기 위하여 세운 누각.

사내가 눈물을 보이면 안 된다

申師任堂

제8장

성지가 된 오죽헌

신사임당의 생가(生家)인 강릉시 오죽헌로 15번지 오죽헌(烏竹軒)은 신사임당이 태어난 곳이자 아들 이이를 낳은 집으로서 1450년 무렵에 지은 건물이다.

주심포(柱心包) 양식에서 이익공(二翼工) 양식으로 변해가는 시기의 건축 양식을 원형 그대로 보여주는 대표적인 건물이라 하여 보물 제165호로 지정되어 있다.

이집은 형조참판을 지낸 최응현이 둘째 사위인 이사온에게 물려준 집이다.

1788년에 신사임당의 아들 율곡이 지은 《격몽요결》과 벼루를 보관하는 어제각(御製閣)을 건립하였고 1961년 11월에는 제1회 율곡제전을 열고 그의 공적을 높이 기렸는데 이를 시작으로 해마다 10월에 율곡제를 봉행하고 있다.

그리고 오죽헌은 1963년 보물 제165호로 지정되었으며,

1975년 10월 오죽헌 정화사업으로 지금의 모습으로 단장된 것이다. 뜰에는 매화가 있는데 그 매화를 율곡매라고 부른다.

겨레의 어머니 신사임당과 겨레의 스승인 이율곡이 태어난 성지 오죽헌 경내에는 아들 율곡을 임신하여 낳은 몽룡실(夢龍室)과 인조 임금이 율곡에게 내린 시호 문성(文成) 및 영정을 모신 문성사(文成祠) 그리고 정조 임금이 율곡의 학문을 찬양하여 내린 글을 보관한 어제각(御製閣)과 율곡기념관, 옛날 집인 구옥의 안채와 바깥채, 시립박물관 등이 있다.

■ 딸부자집의 둘째딸

신사임당은 아들이 없는 딸부자집의 둘째로 태어나 한양 도령 이원수와 결혼했다. 그러나 홀로 계시는 친정어머니를 두고 시댁인 한양으로 떠날 수가 없었다. 시댁인 한양으로 올라가면 홀어머니를 돌봐 줄 사람이 아무도 없었기 때문이었다.

효심이 지극한 신사임당은 결혼 후에도 강릉 오죽헌에 그대로 남아 친정어머니의 병간호를 위해 오래 머물러 생활하였다. 그런 가운데 아들 이이를 낳았다. 공교롭게도 신사임당은 자기가 태어난 집에서 아들 율곡을 낳은 것이다.

어머니 용인이씨와 딸 신사임당의 운명은 너무도 닮은꼴이다. 그 뒤 신사임당의 어머니 용인이씨는 딸이 한양 시댁으로 올라가야 하고, 장차 자기도 세상을 떠날 운명이라 집을 지킬 사람이 없게 될 것이라고 여겨 넷째 딸의 아들인 외손자 권처균(權處均)에게 오죽헌을 물려주었다.

오죽헌(烏竹軒)은 집 주변에 까마귀처럼 검은 대나무가 무성하게 많이 자란다하여 외손자인 권처균이 까마귀 오(烏), 대나무 죽(竹) 자를 써서 오죽헌이라 짓고, 자신의 호도 오죽헌이라고 지은 데서 비롯되었다.

강릉시가지에서 외진 변두리였던 오죽헌, 검은 대나무가 우거졌던 오죽헌에서 출생한 신사임당은 자기가 태어난 그 집에서 아들 율곡을 낳아 길렀다. 오죽헌은 위대한 인물을 낳고 양육한 교육의 산실이었다.

오죽헌

오죽헌은 우리나라 주택 건축물 중에서 비교적 오래된 건물 가운데 하나로 손꼽히며, 유서 깊은 역사를 가진 건물이다. 또한 신사임당(1504~1551)과 율곡 이이(1536~1584)가 태어난 유서 깊은 집이다.

오죽헌은 조선시대 문신이었던 최치운(1390~1440)이 지었다. 규모는 앞면 3칸·옆면 2칸이며, 지붕은 옆면에서 볼 때 여덟 팔(八)자 모양을 한 팔작지붕이다. 앞면에서 보면 왼쪽 2칸은 대청마루로 사용했고, 오른쪽 1칸은 온돌방으로 만들었다. 지붕 처마를 받치는 부재들도 새부리 모양으로 빠져나오는 간결한 형태로 짜은 익공계 양식으로 꾸몄다.

기품을 지키되 사치하지 말고
지성을 갖추되 자랑하지 마라

申師任堂

제9장

현숙한 가정주부

타고난 예술적 재능으로 이미 상당한 수준에 이르고 있는 둘째 딸 인선이 예술가로서의 길을 걸어가는데 최대한 보장해 줄 수 있는 사람이 누구인가? 하는 점이 신사임당의 아버지 신 진사의 주된 관심사였다.

아버지 신명화는 둘째 딸 인선의 신랑감으로 중종 때의 재상인 덕수이씨 이기, 이행 형제의 조카인 이원수를 낙점하였다.

이원수는 돈령부사 이명진의 4대손으로 할아버지 이의석(李宜碩)은 최만리의 사위로 현감을 지냈고, 증조부 이추(李抽)는 대제학 윤회의 사위로 군수를 역임한 인물이다. 그당시 이원수는 이렇다 할 관직도 없었고, 일찍이 아버지 이천(李蕆)을 여의고 홀어머니 홍씨 슬하에서 자라났다.

그러나 아버지 신 진사는 딸의 신랑감을 고를 때 제일 먼저 생각한 것이 가문이나 재력이 아니라 딸의 서화 활동을 키워주고 이해할 수 있는 사람이어야 한다는 것이었다.

그 시절에는 지체 높은 권문세가의 집안에서는 새로 시집온 며느리가 서예나 그림 활동을 계속하도록 보장해 줄 집안도 드물거니와 그를 인정할 집안도 기대하기 어렵다고 본 것이다.

더구나 집안 형편이 너무 볼품이 없거나 가난한 경우에는 살림살이에 바빠서 그림을 제대로 그릴 수 없을 것이라는 점도 아버지가 생각한 것이었다.

그 때 당시 강릉 지방에서 실시된 향시를 주관하는 향시관으로 강릉에 내려갔던 이행이 마침 조카인 이원수를 신사임당의 배필로 중매를 하였다고 전한다. 이행은 이기의 동생으로 뒷날 좌의정을 지낸 인물이다.

이행으로부터 딸의 혼사를 제의받은 신명화가 이원수를 신사임당의 남편감으로 만족하게 여겼다. 그런 까닭은 자기가 생각하고 있던 여러 조건에 딱 들어맞았기 때문이었다.

그가 편모슬하에서 독자로 자랐기 때문에 딸에게 시집살이를 시키지 않을 것이라는 점이었다. 또 그럴만한 가까운 가족이 없을 뿐 아니라, 오히려 신사임당의 어머니 용인 이씨 부인처럼 시댁으로 들여보내지 않고 친정살이가 가능할

것이라고 보았다.

참으로 치밀한 계산 아래 한양 총각 이원수를 사윗감으로 선택한 것이다.

한양 이 도령이 높은 태백산맥의 대관령 아흔아홉 고개를 넘어 강릉의 규수에게 장가를 들었다. 때는 조선 제11대 임금 중종 17년, 1522년 8월 20일이다. 그때 주변 사람들이 신명화는 사윗감을 볼 줄 모른다며 이상하게 여겼다. 사위 이원수가 영의정과 좌의정을 지낸 형제 정승인 이기, 이행의 조카였지만 별 관직도 없이 가난한 선비의 자손이라는 이유 때문이었다.

조선시대 혼행길을 묘사한 그림으로
신사임당의 혼례식을 유추해 볼 수가 있다.

■ 친정서 신혼살림

신사임당은 덕수이씨 이원수와 결혼한 뒤 친정에서 신혼살림을 시작하였다. 그당시 풍속으로는 결혼하면 신랑이 처가에 일정 기간 동안 머무는 것이 관습이었다. 그런 전통에 따라 한양 이 도령은 강릉 처가에 머물렀다.

그런데 결혼한 지 넉 달 만인 그해 연말에 친정아버지 신명화가 아들도 없이 세상을 떠나고 말았다. 장례를 치른 뒤 신랑은 신부를 강릉 처가에 남겨둔 채 한양 본가로 올라왔다.

신부는 아버지 3년 상을 마치고 한양으로 올라가 잠시 지내다가 다시 강릉 친정으로 내려갔다. 왜냐하면 어머니 용인이씨 병환 때문이었다.

신사임당은 얼마 뒤에 사이가 소원(疎遠)해진 남편과의 관계를 회복하기 위해 친정을 떠나 한양으로 올라왔다.

신사임당은 결혼 후 보통 사대부가(士大夫家)의 여성들과는 달리 살림살이가 정갈하고 음식 솜씨도 또한 특출하다는 칭찬을 들었다.

시가(媤家)의 두 당숙인 이기와 이행 형제는 모두 영의정과 좌의정 등을 역임한 고관대작이었지만 남편의 집안은 가난했다.

그런 연유로 신사임당은 남편의 선조 때부터 살아온 경기도 파주 율곡리로 이사하여 생활하기도 하였다.

신사임당은 시어머니를 효성으로 섬기는 한편 강릉의 친정어머니도 잊지 못해 극진히 생각하며 지냈다. 신사임당은 훗날 이때 고향에 대한 향수와 친정에 홀로 계신 어머니를 떠올리며 지은 시조작품이 뒷날 신사임당의 대표작으로 남아 후세에 전한다.

교통수단이 거의 없던 시절이라 시댁인 한양과 친정 강릉을 오가던 생활이 매우 불편했던 신부는 신랑과 협의하여 특별히 한양과 강릉의 중간 지점에 거주지를 마련하였다.

대관령 (大關嶺)

강원도 강릉시와 평창군의 경계에 있는 고개로 조선 시대 당시 강원도 강릉 지역을 관통하는 유일한 길이었다.

봉평면 판관대
신사임당과 남편 이원수가 거처한 장소로 이곳에서 율곡 이이를 임신하였다.

그곳이 바로 강원도 평창군 봉평면 백옥포리로 메밀꽃 피는 동네에 그들의 임시 주택을 마련하고 가끔 만나 살기도 하였다. 마치 견우직녀처럼 한양의 신랑이 내려오고 강릉의 신부가 대관령을 넘어 봉평에서 만나는 것이었다.

신사임당의 7남매 가운데 셋째 아들 이이는 이름난 성리학자이자 조선 중기부터 후기에 걸쳐 서인과 노론의 당파 싸움의 한복판에 있었고, 다섯째 아들 이우는 관직이 정3품에 머물렀지만 시와 서화, 거문고로 이름을 날렸다.

큰딸 매창 역시 시와 그림에 뛰어난 재주가 있어서 어머니와 비교되어 작은 신사임당, 또는 소사임당이라 불리기도 하였다.

제2부

꿈을 키운 강인한 여인

불멸의 여성

제1장

충직한 직언

신사임당이 마흔 살이 될 때까지도 남편은 변변한 벼슬을 얻지 못한 소위 백수신세였다. 그런 남편이 영의정 대감 집을 자주 드나 들었는데 그 대감은 다른 사람도 아닌 남편의 5촌 당숙인 이기(李芑)였다. 지체가 높은 분이라 벼슬 하나 내줄 수 있는 좋은 위치였기 때문에 남편 이원수는 그런 기대를 하며 대감 댁을 드나들었던 것이다.

남편은 당숙인 이기 대감이 아버지와 사촌형제 사이이기 때문에 대감에게 잘 보여 벼슬자리를 얻으려는 속셈이었다.

신사임당은 그런 남편의 마음을 눈치 채고는 남편이 당숙인 이 대감 집안을 드나드는 것을 몹시 못마땅하게 여기면서 따끔하게 충고하였다.

"아무리 친척이지만 대감 댁에는 찾아가지 마십시오. 그 분은 마음이 어질지 못하여 훌륭한 선비를 많이 해치지 않았습니까?"

"그래도 조카인 나까지 해치기야 하겠나?"

이원수는 신사임당의 충고에 대하여 자신과는 상관없는 일이라 하였고, 신사임당은 어진 선비를 해치는 사람은 반드시 오래가지 못한다고 강조하였다.

"지금 권세를 누가 감히 꺾는단 말이오?"

"오르막길이 있으면 내리막길이 있는 법입니다. 공자님도 바른 길에서 얻은 것이 아니면 아무리 귀중한 것이라도 뜬구름과 같다고 하셨습니다. 어진 선비를 모해하고 권세만을 탐하는 당숙의 영광이 오래 갈 수 없습니다. 그러니 앞으로는 대감 집에 발을 들여놓지 마십시요."

남편은 아내의 말이 옳다고 느끼고, 다음 날부터 이기의 집에는 얼씬하지도 않았다.

그리고 신사임당은 자녀교육은 물론이고 심지어 남편에게도 바른 길로 가도록 이끌었다.

대개의 경우 남편들은 아내가 이르는 말을 잔소리라고 가볍게 여기거나 아예 무시하는 경우가 많은데 이는 남성 중심의 오랜 유교문화의 봉건적 관습에서 비롯한 잘못된 일이다.

물론 신사임당은 남편과의 대화에서도 아내로서의 도리와 예의를 갖추어 늘 바른 말을 하였다. 그러므로 남편도 아내와의 대화에서 늘 배울 것은 배우고 받아들일 것은 받아들였던 것이다.

■ 혼탁한 대궐 정세

그 당시 대궐 상황은 매우 혼탁하게 돌아가고 있었다. 중종의 둘째 계비(繼妃) 윤 여인이 대궐을 치마폭으로 좌지우지 휘저을 때였다. 윤여인은 중종이 제11대 임금으로 등극하면서 왕비가 되고 문정왕후의 칭호를 받았다.

연산군과 병약한 12대 인종이 일찍 승하하여 물러가고 아들 명종이 12살 어린 나이로 13대 임금에 등극하자 문정왕후가 수렴청정을 하면서 친정 동생인 윤원형에게 모든 권력을 위임하였다.

소윤파(13대 명종의 숙부였던 윤원로,윤원형 형제가 아끄는 당파)의 윤원형은 대윤파(12대 왕 인종의 숙부였던 윤임이 이끄는 당파)의 윤임 일파를 역모 죄로 몰아 을사사화를 일으키면서 수많은 선비들을 죽이고 내쫓아 권력을 장악하였다. 당시 남편의 당숙인 이기 대감은 함경도 병마절도사 등 외직을 돌다가 명종이 임금이 되면서 우의정에 올랐다. 소윤인 윤원형과 결탁하여 을사사화를 일으키고 대윤파를 내쫓은 뒤 권력의 핵심으로 떠오른 뒤 좌의정이 되더니 다시 영의정에 올랐다.

한편 그런 혼란스러운 판에 문정왕후의 신임을 얻은 요사스러운 중 보우가 윤원형과 손을 잡고 나라 정치를 주물렀다.

당숙 이기(李芑)는 권력을 손아귀에 넣으려고 온갖 나쁜 일을 꾸몄다. 심지어 율곡과 친분을 맺은 퇴계 이황도 을사사화 때, 이기(李芑)의 모함으로 파직되었다. 그러나 사실이 아님이 밝혀져 복직되었다.

결국 이기(李芑)는 자기 뜻에 반대하거나 마음에 들지 않으면 모함을 일삼았다. 그후 문정왕후가 죽자 보우는 제주도로 귀양을 가고, 소윤인 윤원형 일파가 모두 파직 당했다.

이때 이기 대감도 감옥에 갇히었고, 그를 따르던 사람들도 잡혀갔다. 그러나 신사임당 남편 이원수는 아내의 말에 따랐기에 뒷날 화를 당하지 않았다. 이것은 지혜로운 신사임당이 앞일을 미리 짐작했기 때문이다.

제2장

강요 대신 스스로 모범을

신사임당의 자녀교육관은 첫째로 아들과 딸을 차별하지 않은 것이었다. 딸부자 집의 둘째딸로 태어나 어릴 적에 그 어려운 한학을 배울 때에도 공부 열심히 하라는 말 한마디 들어본 일이 없이 사랑을 받으며 자랐다. 그런 탓에 자신이 낳은 아들딸에게도 공부하라는 강요보다는 자율적인 분위기를 최대로 조성하여 주었다.

당시의 조선사회에서는 유교적 전통과 관습에 따라 아들을 더 소중하게 여겼다. 그런 풍토에서 신사임당은 아들딸을 차별하지 않고 가르친 것이 신사임당의 위대함과 어머니로서의 인자함이 묻어 나오는 것이다.

자녀들 모두에게 각자 가지고 있는 인성과 감성을 함께 길러 주으며 또한 여성의 본분은 아내로서 남편을 잘 보필하고, 가정을 잘 꾸려나가야 하며, 어질고 현명해야 한다는 것이 신사임당의 지론이었다.

그리고 이를 실천한 여성이었다.

그런 분위기 속에서 율곡과 이우, 매창은 특히 어머니 신사임당의 현명하면서도 자상하고 섬세한 지성의 영향을 많이 받았다.

홀어머니에 대한 신사임당의 지극한 효심까지도 자녀들이 이어 받아 훌륭하게 자랐다. 그런 바탕에는 신사임당을 훌륭한 사람으로 기른 어머니의 성실하고 진솔한 삶이 있었던 것이다.

어려서부터 어머니에게서 보고 듣고 배운 것을 자녀들에게도 그대로 가르치고 물려준 신사임당이다.

월매도

신사임당의 딸 매창의 작품이다. 이 작품은 매화를 그린 작품 중에서 걸작으로 인정 받고 있는 작품이다. 치솟은 매화의 가지는 달 왼쪽으로 약간 비껴 솟아오르도록 하고 매화의 꽃봉오리가 맺힌 가지는 보름달에 닿을 듯 말 듯하게 배치하여 달과 매화의 운치를 한것 살렸다.
간결하면서도 강인하고 신속한 필치가 어우러져 어머니 신사임당의 영향이 강하게 느껴지는 작품이다.

■ 자율 학습을 권장

천 마디 말보다 하나하나를 행동으로 보여준 신사임당의 몸소 실천이 진정한 가치가 있었다. 신사임당이 보여준 자녀교육의 가장 큰 특징은 기숙사에서 학생들을 지도하고 감독하는 사감(舍監)이나 감독자에서 벗어나 스스로 공부하는 자율학습을 적극 권장했다는 점이다.

아들딸을 7명이나 낳아 키우면서도 공부하라고 강요하지 않은 어진 어머니였으며 공부하지 않는다고 윽박지르거나 혼내기 보다는 먼저 스스로 자녀들 앞에 모범을 보여준 슬기롭고 어진 어머니였다.

스스로 자기계발을 하고 열심히 살아가는 모습을 자녀들에게 보이는 이것이 바로 자식들에게 산 교훈을 주는 것임을 알고 있었던 것이다.

"살아있는 사람은 지성으로 봉양하고, 죽은 사람을 장사지냄에는 모자람이 없게 하며, 제사를 모심에는 성의를 다하는 것이 왕도의 시작이다."

외할아버지 이사온과 기묘사화로 관직을 단념하고 처가에 은거한 아버지 신명화로부터 성리학을 교육받은 신사임당은 친정아버지가 아들은 한 명도 없고 딸만 다섯을 두고 세상을 떠나자 강릉 친정에서 오래 머물렀던 신사임당은 한양과 경기도 파주의 시댁에서 시부모를 모시는 한편, 강원도 강릉의 친정을 오가면서 친정어머니도 극진히 모셨다.

비록 신사임당은 어린 자녀들을 두고 일찍 병으로 세상을 떠났지만, 아들 이이는 대학자이자 정치인으로 명성을 떨쳤고, 딸 이매창과 아들 이우는 각각 당대의 유명한 화가와 문인으로 이름을 날렸다.

생전에는 부덕과 현모양처의 상징으로 존경받았고, 사후에는 아들 율곡 이이가 정치적, 학문적으로 크게 성공하면서 자녀를 훌륭하게 키운 어머니로 크게 존경받았으며 어진 어머니이자 착한 아내인 현모양처의 표상으로 길이 추앙되고 있는 것이다.

■ 자아실현에 중점

신사임당은 학문은 물론 그림과 서예, 시 등에 재주가 탁월하였고, 성리학적 소양도 풍부하였으며 십자수와 옷감 제작에도 능했다. 뿐만 아니라 도학과 문장, 고전, 역사 지식 등에도 무척 해박하였다.

신사임당은 여성 차별이 극심했던 조선시대에 자아실현(自我實現)을 이루기 위해 부단히 노력했던 여성으로서 이러한 노력이 자녀교육도 성공할 수 있었던 요소가 된 것이다.

혼탁한 현대를 살아가는 우리 모두에게 입시 지상주의가 만능처럼 된 굴절된 이 시대에 신사임당은 현모양처의 귀감으로, 그리고 아들과 딸을 학자로 예술가로 훌륭하게 키운 어머니로서 더욱 빛나는 삶을 보여준 인물이다.

일반적으로 자녀교육은 누구보다도 어머니의 정성된 힘이 매우 큰 영향을 미친다.

세상의 어느 어머니가 자기 자식이 공부 잘 하고 남에게 뒤지지 않는 자녀가 되기를 바라지 않겠는가? 이는 말하지 않아도 모든 어머니들이 원하는 소망이며 간절한 기도이다.

하지만 그 소망이 아무리 간절하고 그 기도소리가 하늘에 울려 퍼진다 해도 어머니의 그 정성과 그 마음이 자녀들에게 이심전심으로 전해지고 통할 때에 비로소 그 효과가 나타나는 것이다.

옛날 성현들이 전하는 말중에 마이동풍, 우이독경이 바로 그런 말이다. 아무리 좋은 말을 전한다 할지라도 만약 그 말을 새겨듣지 않고 흘려버리면 소용이 없게 되는 것이고 아무리 훌륭한 경전이라 해도 그 뜻을 알아듣고 실행하려고 하지 않는다면 소귀에 경전을 들려주는 것과 다름이 없다는 가르침이다.

무릇 세상사는 정성과 마음만으로는 모두 이루어지지 않는다. 하물며 교육에서는 더 말할 것이 없다. 요즘 세태에는 모두가 교육자같고 모두가 참스승같고, 모두가 애국자 같이 보인다.

그리고 국가교육기관도 많고, 교육학자도 무수하다. 수많은 교수와 교사가 있어 교육목표가 뚜렷이 세워져 있고 또 여러 분야의 사설학원도 부지기수이며 부모들도 모두 훌륭한 수준급 교육자들이다.

그런데도 국가고시에서 9관왕은 커녕, 3관왕도 손꼽을 정도이다. 그렇다고 과연 우리 어머니들의 교육관과 열정이 신사임당만 못해서 그럴까?

현대 사회는 여성의 지위를 무시하고 여성의 능력을 외면하고 여성의 재질을 막아버렸던 조선시대가 아니다. 그 시절에는 자녀교육 체계가 오늘날처럼 뚜렷하지 못했으며 여성들은 거의가 문맹자였다.

그래서 일찍 가정교육을 통해 학문을 익히고 예술적 재능을 발휘한 신사임당이 훌륭하고 위대한 여성이 되었는지 모른다.

특히 여자 교육기관이 전혀 없었던 상태에서 신사임당은 자아개발을 스스로 익히고 완성하면서 자신의 발전과 함께 아들딸에게도 확실한 목표를 세워 체계적인 지도와 교육을 통해 훌륭한 인재로 길러내는 엄청난 위력을 보여 주었다.

아이를 안은 어머니 상
신사임당의 모습을 유추해 볼 수 있는 작품이다.

특히 여자 교육기관이 전혀 부재한 상태에서 신사임당은 자아계발을 스스로 익히고 완성하면서 자신의 발전과 함께 아들딸에게도 확실한 목표를 세워 체계적인 지도와 교육을 통해 훌륭한 인재로 길러내는 엄청난 위력을 보여 주었던 것이다.

오죽헌

오죽헌은 율곡 이이의 생가이다. 검은 대나무가 난다 하여 오죽헌이라고 이름 지었다.

제3장

자기계발에 최선

신사임당은 조선시대 중기 화단에 자기의 이름을 뚜렷하게 남긴 출중한 조선 제일의 여류 화가였음에도 불구하고 현모양처라는 대명사 때문에 여류 화가로서의 당당한 사실이 별로 알려져 있지 않았다.

그렇다면 신사임당은 현모양처라는 대명사의 그늘이 그만큼 깊게 드리워졌던 것일까?

그 때문에 신사임당의 많은 예술적 활동이 그 이름의 그늘에 가려 있었던 것이다. 일곱 자녀의 어머니로서, 아내이자 며느리로서의 삶이 모두 현모양처라는 그늘에 묻혀 버렸다. 하지만 신사임당은 당대의 뛰어난 화가였다.

일곱 살 때부터 시작한 그림 공부를 결혼과 출산, 그리고 육아의 기간 동안에도 멈추지 않았다는 것은 당시의 환경으로 볼 때 놀라운 집념이며 멈추지 않은 자기계발의 연속작업이었다.

현재까지도 전해 오는 신사임당의 그림을 보면 여성스러운 섬세함과 더불어 사물을 객관적이고도 치밀하게 관찰하고 표현하는 점이 매우 뛰어나다.

어린 자녀들은 그림을 그리는 어머니 곁에서 창작열을 불태웠을 것이고 사물을 관찰하는 정확한 눈을 배우면서 자신들의 원대한 꿈을 키웠다. 성실하게 살아가면서 끊임없이 정진하는 성실한 어머니의 삶을 통해 자신들의 학문과 예술성을 계발하였던 것이다.

초충도(草蟲圖)

신사임당의 초충도인 〈수박과 패랭이〉 작품이다. 초충도는 풀과 벌레를 대상으로 그린 그림을 말한다.
초충도는 산수화나 사군자에 비해 훨씬 더 장식적이고 실용적인 그림으로, 지식층인 문인화가보다는 직업화가의 전유물로 간주하기 쉽다. 그러나 문인화가들이 먼저 즐겨 그려 격조 있는 시적 분위기의 서정성 짙은 그림 세계를 이룩하였음을 현존하는 그림을 통해 확인할 수 있다.

■ 경전 공부에 열중

신사임당은 당시 여성들이 거의 가까이 하지 않았던 난해한 한문 경전을 공부하여 남편 이원수와 수시로 학문적 토론도 일삼았다고 전한다. 그런 사례는 문헌 기록으로 전해 온다.

신사임당이 남편 이원수와 학문적 토론을 하는데 있어서 온갖 경전들을 두루 섭렵한 신사임당이 남편과 토론하였기에 조금도 뒤지지 않을 뿐만 아니라 오히려 남편의 생각을 바꾸게 하였고, 자신의 주장을 관철시키는 모습을 보여주었다는 것이다.

그리고 어머니를 그리워하고 사모하던 신사임당의 효심이 아들 율곡에게도 그대로 이어졌다. 어머니와 아들 모자지간의 인정이 끈끈하고 강렬하게 사무쳐서 보통 사람들 사이에서 우러나오는 인지상정의 정감을 넘어서 세상을 일찍 떠난 어머니를 애모하는 은중경(恩重經)의 가르침이 새삼 가슴을 저미는 것이었다.

어머니의 은혜가 너무 크고 깊고 넓어서 세상을 떠난 어머니의 체온이 식지 않고 뜨겁게 자녀들의 가슴 속에 그대로 흐르고있는 것은 어머니 신사임당이 자녀들을 위해서 무조건적인 희생을 한 것이 아니라 자기 계발을 위해 솔선 모범을 보여주었기 때문이다.

어머니 신사임당이 자녀들에게 심어준 삶의 도리와 정서적 가치관 그리고 학문적 탐구력이 서로의 교감을 통해서 단순한 부모와 자식의 관계를 넘어 인생의 스승이자 반려자, 그리고 인생의 선배로서 삶의 거울이 되었던 것이다.

조선시대 서당의 모습; 사임당은 오지나 다름없는 강릉 오죽헌에서 자녀들에 대한 교육을 서당의 훈장보다도 더 엄격하면서 자율적으로 가르쳤다.

■ 계모의 투정과 학대

아들 율곡이 지은 어머니 기록인《선비행장》에서도 아버지가 혹여 실수를 하면 어머니가 이를 바로 지적하여 긴히 말하여 바른길로 인도하였다는 이야기가 나온다. 부부가 학문적으로 서로 경쟁하듯 당당하게 토론하며 학문을 함께 닦아 가는 그 열정을《선비행장》에 기록한 것이다.

어머니 신사임당과 아버지 이원수의 다정한 가운데 학문적으로 서로 치열하게 토론하는 모습을 보면서 자란 자녀들이 어떻게 공부를 하지 않을 수 있겠는가?

그런 부모의 토론 모습은 자녀들에게도 은근한 자극제가 되었을 것이다. 자녀를 위해 희생하기보다는 함께 성장한 지혜로운 어머니가 바로 신사임당이다.

율곡 이이가 사춘기 청소년 시기였을 때였다. 율곡은 어머니의 죽음으로 큰 슬픔에 잠겼는데 아버지는 어머니가 생존해 있을 때부터 첩으로 옆에 두고 지낸 주모 권 여인을 집으로 불러 들여 계모로 삼자 크나큰 충격을 받았다.

율곡은 공연히 투정부리고 학대하는 계모를 보면서 세상사를 비관하기 시작했다.

율곡은 수운판관이 된 아버지를 따라 평안도에 가 있을 때 일이 생각났다.

어머니가 병중에서도 편지를 보냈던 일, 특히 "나는 이제 병이 깊어 다시 일어설 것 같지 않구나!" 했던 대목이 눈에 아른거렸다.

신사임당은 편지로써 아들의 효심과 성장을 독려하고 정서적으로 학문적으로 공감대를 마련해 준 것이다. 어머니가 아들에게 띄운 편지는 모자지간의 애정이 넘치는 글이었다.

또한 편지 글 속에는 모자간의 애정을 넘어서 학문적 동지로서 서로 성장해 가는 모습도 가득 담겨있었다.

자식을 위해서라면 무슨 일이라도 하려는 어머니의 마음, 남보다는 내 자식이 더 잘 되기를 바라는 보통 어머니가 아니라 모두가 함께 잘 되기를 바라는 큰마음이 신사임당에게는 뿌리 깊게 자리 잡고 있었던 것이다.

율곡은 어머니의 그 마음이 모성애라는 것을 다시 느꼈다. 어머니의 사랑은 그렇게도 강렬하고 대단한 것이로구나

하는 느낌을 다시 깨달은 것이다. 그러나 어머니 신사임당은 이미 저 세상으로 떠난 사람, 이 세상에 없다는 생각을 지울 수가 없었다.

바르게 살아가도록 솔선수범하여 일깨워준 신사임당, 그 정성이 진정으로 참다운 자녀교육이 아닐까?

한마디로 신사임당의 자녀교육관은 자녀 앞에서는 언제나 말과 행동의 모범을 보이는 것이었고, 자녀들 앞에서도 늘 공부하는 모습을 보였다. 이는 강요가 아니라 스스로 계발해 가는 과정을 숨김없이 보여준 것이다.

어떤 문제가 생길 때 부부가 논리적으로 토론하는 모습을 통해 단순한 부부간의 애정을 넘어 학문적 동반자임을 보여주었던 것이다.

불설대보부모은중경(佛說大報父母恩重經)

조선시대 불교 경전으로 약칭하여 《부모은중경》 또는 《은중경》이라고도 한다. 아이를 낳아 기르는 부모의 은혜를 10가지로 나누어 설명하고 그 은혜에 자식들이 어떻게 보답해야 하는지 등을 적었다.

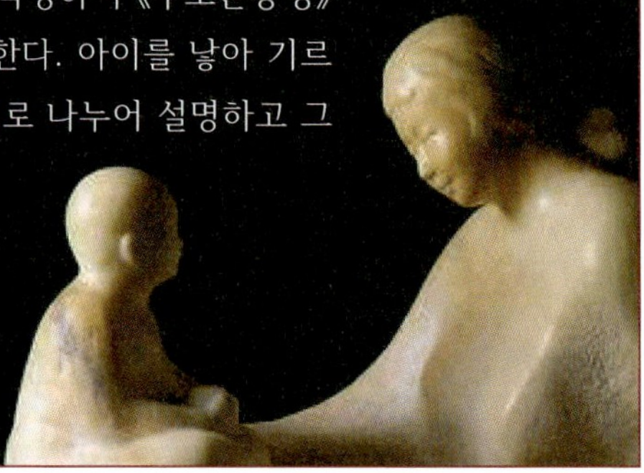

먼저 인격이 바로 서야 한다

申師任堂

제4장

갸륵한 효심

여성들에게는 교육의 기회조차도 주어지지 않았던 그 시절, 이름조차 변변치 않았던 조선시대에 여성에게는 이름 대신에 김씨, 이씨 등이 이름이었다.

그런 때에 신인선이라는 번듯한 이름과 함께 사임당이라는 호까지 가졌던 신사임당은 분명 시대를 리드한 여성이었다.

철저한 남성 중심의 봉건적 사회인 조선시대 유교 사회를 감안한다면, 신사임당과 같은 여성의 등장은 보통의 일이 아니다.

신사임당은 조선시대의 대표적인 어머니상이자 여성상으로 꼽히는데 위인전 시리즈마다 등장하는 지극한 효심과 인자한 품성의 소유자로 묘사되고 있다. 그리고 조선시대의 대학자인 율곡 이이를 덕망 있는 위대한 학자이자 정치가로로 키운 어머니로 널리 알려진 여류 명사이다.

신사임당은 깊고 넓은 인성만큼이나 감성적인 예술성을 지녔던 당대의 특출한 화가로도 유명하다. 그림과 서체, 시 등은 하나같이 유연하면서도 섬세한 표현으로 여성 특유의 감성을 자아냈다.

동백과 납매

이 작품은 신사임당의 꽃을 그린 화조도이다.

■ 스스로 익힌 학문

신사임당은 스스로 학문을 익히고 예술적 기량을 다듬었다. 아마도 그때 신사임당에게도 남자들만큼의 기회가 주어졌다면 조선 500년사에서 어지러운 혼란기의 역사가 바뀌었을지도 모를 일이다. 그래서 신사임당의 존재가 더욱 두드러지고 돋보이는 것이다.

신사임당은 여느 다른 소녀들과는 사뭇 다른 길을 걸었다. 타고난 재능과 기질이 있었다고 해도 어린 시절부터 남다른 길을 걷도록 이끌어준 부모의 열성도 특이하다.

더욱 놀랍고 신비하게 느껴지는 일은 여성교육에 눈감고 있던 그 시대에 글을 가르쳐 주고 유교 경전과 같은 수준 높은 책들도 많이 읽고 학문을 닦도록 이끌어 주었다는 점이다.

딸만 다섯을 둔 딸부자 집에서 결혼한 후에도 홀어머니를 모시고, 친정인 강릉과 한양의 시댁을 오가며 양가를 봉양하는 남다른 삶을 살았다.

신사임당의 남편 이원수는 우유부단한 성격으로 별로 뛰어난 실력을 가진 편은 아니었다. 어찌 보면 아내의 지능이나 재능에 뒤지는 인물이다. 그래서 신혼시절 신사임당은 남편의 출세를 위해 10년 별거를 제안하는 결단까지 내렸던 것이다.

하지만 아내의 권유에 따라 과거시험 공부를 시작한 남편은 작심삼일이라는 속담처럼 중도에 포기하고 집으로 돌아왔다.

그러나 공부를 포기하면 출가하여 머리를 깎고 중이 되겠다는 아내의 말에 순종하고 다시 과거시험 공부에 매달렸지만, 결국 과거보는 일을 포기하고 말았다는 일화가 전한다.

조선 시대의 선비

조선 시대의 선비들은 과거시험을 합격하여 관직에 오르는 것이 최대의 목표이자 선비의 덕목이었다. 관직에 나가지 못한 선비들을 '백면서생(白面書生)'이라 조롱했는데, 백면서생이란 글만 읽고 세상일에는 전혀 경험이 없는 사람을 가리키는 말이다. 신사임당은 백면서생과 같은 남편 이원수를 내조하기 위해 특단의 지혜를 발휘하기도 한다.

제5장

흥미로운 일화

■ 남편의 외도

신사임당에 대한 일화는 이미 널리 알려져 있다. 그런데 탄생 510주년을 맞아 새롭게 공개된 흥미로운 사례들이 있어 화제를 모았다.

신사임당이 태어난 지 510주년을 맞은 2014년 연말이었다. 신사임당은 1504년 음력 10월 29일 태어났는데 이날을 양력으로 환산하면 12월 5일이 된다.

이원수와 신인선 부부의 애정은 깊었을까? 그렇지 못했다는 이야기가 곳곳에 배어 있다. 만약 두 사람이 부부간에 금실이 좋았다면 신부인 신사임당이 강릉의 홀어머니를 떠나서 시댁인 한양에서 살아야 했다.

하지만 신사임당은 여러 자매들 가운데서도 효심이 무척 깊은 효녀였다. 언니와 동생들은 결혼한 뒤 신랑을 따라 시댁으로 들어갔는데, 신사임당은 유독 오죽헌에 남아 홀어머니를 모시고 살았다.

강릉 경포대에는 신사임당 동상이 서 있는데 경포대의 신사임당 동상은 겨레의 어머니이자 현모양처였던 신인선의 위대한 넋을 사람들에게 전하는 상징이다.

남편 이원수는 과거시험에 도전했으나 낙방하였다. 신사임당은 10년 별거를 맹세하고 남편에게 산 속으로 들어가 공부하도록 권유했는데, 남편은 되돌아왔고, 남편의 그런 태도가 마음에 들지 않았던 신사임당은 만약 제대로 공부하지 않으면 비구니가 되겠다면서 가위로 자신의 머리카락을 잘라버리겠다는 비장한 각오까지 보였다. 하지만 남편은 학문에 정진하지 못하고 결국 3년 만에 과거시험을 포기하고 말았다.

신사임당은 첩을 두고 있던 남편에게 자기가 죽으면 재혼하지 말 것을 청하지만, 남편은 마이동풍 동문서답이었다.

그 사실이《동계만록》에 적혀 있다.

경포대의 신사임당 동상

"남편 이원수에게는 사랑했던 여인이 따로 있었다. 큰 아들과 나이가 비슷했던 주막집 여인 권 여인이었다. 무척 자유분방하고 질투심도 있는 여자였는데 뒤늦게 그런 사실을 안 신사임당은 권 여인을 몹시 싫어했고, 남편에게도 권 여인과의 관계를 끊고 자신이 죽은 뒤에 7남매를 위해서 재혼하지 말라고 간곡하게 당부했다. 그런데도 남편은 신사임당이 죽자 권 여인과 곧 재혼했다."

■ 금강산으로 들어간 아들

아들 율곡은 아버지로부터 글을 배운 것이 아니라, 어머니 신사임당으로부터 글과 학문을 배우며 큰 영향을 받았다. 따라서 어머니를 존경했고 깊이 따랐다. 물론 다른 자녀들도 모두 어머니를 많이 따랐다.

율곡은 어머니의 총명함을 그대로 물려받아 어렸을 때부터 신동이라 불렸다. 아버지는 신사임당이 죽자 전부터 좋아하던 주막집 권 여인을 계모로 삼았다.

그러자 율곡은 집을 나와 금강산에 들어가 절에서 생활하며 불교경전을 공부하다가 돌아왔다.

그런 탓에 율곡 이이의 정적들은 나중에 "중이 됐다가 돌아 온 녀석"이라고 한 동안 헐뜯으며 놀려댔다.

사임당이 살아있을 그 시절에 당대의 사람들은 신사임당을 뛰어난 여류 화가로 평가했다. 신사임당을 유교적 현모양처라고 받들게 된 것은 살아있을 때가 아니라 세상을 떠난 뒤의 일로서 조선 후기의 큰 학자 송시열의 공이다.

신사임당의 자수 초충도

우의정을 거쳐 좌의정 등을 지낸 우암 송시열(1607-1689년)은 서인의 우두머리가 된 율곡 이이를 칭송하는 과정에서 율곡의 어머니 신사임당의 신분을 격상시킬 필요가 있다고 생각하였다. 그래서 신사임당의 그림 《초충도》에 대해 이런 평을 남겼다.

"이 작품은 고(故) 증 찬성 이공(李公) 부인 신씨의 작품이다. 그 손가락 밑에서 표현된 것으로도 혼연히 자연을 이루어 사람의 힘을 빌려서 된 것은 아닌 것 같도다. 하물며 오행의 정수를 얻고 또 천지의 기운을 모아 참 조화를 이룸에는 어떠하겠는가? 과연 그 율곡 선생을 낳으심이 당연하다."

만약 신사임당이 율곡의 어머니가 아니었다면, 그 작품에 그렇게까지 높이 평가받지 않았을 가능성이 있다는 이야기를 하는 사람들도 있다.

어쨌거나 신사임당이 현모양처의 상징이 되고, 한국 여성의 표상이 된 데에는 여러 정치적 동기들이 깔려 있었다는 것만은 부인하기 어렵다.

4군자를 좋아해

신사임당은 그림에서 4군자를 무척 좋아했는데 4군자는 고결한 마음과 인내에 관한 심성을 길러준다고 스스로 이야기하였다.

특히 매화 나뭇가지의 곧음과 강건함을 달밤의 모습으로 그렸다고 전한다.

특히 그림에서는 강약과 완급 조절이 매우 절묘하게 묘사되었다는 평가를 받고 있다.

본래 4군자는 유교 문화권에서 군자로 비교되는 매화와 난초, 국화, 대나무 네 가지 식물을 가리키는 말이다.

봄은 매화, 여름은 난초, 가을은 국화, 마지막으로 겨울에는 대나무가 상징 되는 것이다.

대나무는 사시사철 푸르고 곧게 자란 성질이 있기 때문에 군자의 '지조와 절개'를 뜻하는 것으로 표현되고 있다. "대쪽 같은 사람이다"라는 말이 불의나 부정과는 타협하지 않는 본인의 지조를 지켜나가는 사람을 의미하는 것도 그런 까닭이다.

사군자(四君子)

사군자는 매화, 난초, 국화, 대나무를 말한다. 줄여서 매란국죽(梅蘭菊竹)이라고도 한다.
유교 문화권에서 군자에 비유되어 왔으며,군자란 완전한 인격을 가졌다는 뜻이다. 동양화의 소재가 되어 왔다. 각각 봄(매화.雪梅), 여름(난초.蘭草), 가을(국화.秋菊), 겨울(대나무,青竹)을 뜻한다.

제6장

대를 잇는 효성

율곡은 어머니에 대한 효성이 남달리 지극한 효자였다. 특히 영리한 율곡은 평생 화목한 가정에 대한 소망을 가슴 속에 품고 살았다.

5세 때에 어머니 신사임당이 병으로 자리에 눕자, 외할아버지의 위패를 모신 사당에 홀로 들어가 매일 1시간 동안 기도를 올렸다. 사당은 흔히 귀신이 숨어 있다 하여 아이들이 들어가기를 두려워하는 곳이다.

그러나 율곡은 사당 안에서 혼자 무릎을 꿇고 앉아서 외할아버지에게 어머니 병을 낫게 해달라고 빌고 또 빌었다.

"외할아버지! 어머니가 많이 아파요.
병환을 낫게 해 주세요!"

그렇게 간절히 기도를 올릴 정도로 어머니에게 효성을 다하는 효자 아들이었다.

그렇게 기도를 드리는 사이에 갑자기 율곡이 보이지 않자 외할머니는 어린 손자가 행방불명되었다며 찾아 나섰다.

"현룡아! 어디 있니?"

"현룡아! 어디 갔니?"

여기저기 찾아다니다가 사당에서 기도를 드리고 나오는 외손자를 본 외할머니는 가슴을 쓸어내리며 율곡에게 물었다.

"사당에서 무얼 했느냐?"

"외할아버지 위패 앞에 꿇어앉아 어머니를 낫게 해달라는 기도드렸어요."

"오냐! 갸륵하구나!"

외할머니는 어린 아이의 정성어린 기도에 탄복하면서 율곡을 안아주었다. 신사임당은 어린 아들의 간절한 기도 덕인지 병환에 차도가 있었다고 전한다.

"역시 효자 딸에 효자 아들이로다!

마을 사람들이 감동했다.

■ 물에 빠진 여인 구출

어느 날 갑자기 소나기가 많이 쏟아져 냇가에 빗물이 넘쳐흘렀다.

그때 건너 마을 어느 여인이 작은 광주리를 머리에 이고 냇물을 건너다가 빠른 물살에 휩쓸려 넘어지고 말았다.

"저 사람, 물에 빠져 허우적거리네!"

"떠내려가면 경포대 앞 바다로 들어가겠다."

모두가 구경거리라도 본 듯 남의 일이라며 시시덕거렸다.

그러자 현룡이가 큰소리로 말했다.

"어서 가서 저 아주머니를 구해주세요! 그렇게 웃고 떠들면 뭐해요!"

그 말에 어떤 청년이 냇물로 뛰어들어 그 여인을 일으켜 세우고 손을 잡아당기며 물 밖으로 나왔다.

여인이 구출되자, 현룡이가 다가서며 물었다.

"아주머니! 큰일 날 뻔 했어요. 다친 데는 없나요?"

"오! 괜찮아. 구해줘서 고마워요!"

아주머니는 청년에게 고맙다는 말을 연속 했다.

그때 누군가가 말했다.

"어린애가 어른보다 낫다!"

"예사로운 아이가 아닌 걸!"

"오죽헌 집 외손자야. 용이 현몽해준 아이거든."

그 뒤 현룡이가 총명하고 도량이 넓은 아이라는 소문이 다시 알려졌다.

율곡 이이의 동상

율곡 이이는 물에 빠진 여인을 구출한 것처럼 조선의 개국 200여 년이 경과하면서 말기적 현상이 나타난 조선의 사회 체제를 전면적으로 개혁하려 했다.

제7장

내 마음의 스승

신사임당은 어린 소녀 시절부터 눈에 띄게 총명하였다.

뒷날 현모양처의 표상이 된 것은 우연한 일이 아니라 필연적인 운명이었다.

신사임당의 어머니 용인이씨 부인이 이미 효성스러운 어머니이자 며느리였기 때문이다.

신사임당은 어머니로부터 글 읽기와 쓰기를 배웠고 바느질과 수예, 그림 그리기도 배웠다.

그런데 어머니는 어린 딸의 재능이 비상함을 알고 무척 놀랐다.

어린 딸이 한 글자를 가르치면 그와 연관된 글자를 두세 개를 알고 또 쓰는 것이었다. 셈하는 법도 그랬다. 덧셈 뺄셈은 말할 것도 십진법의 계산도 척척 해내는 것이었다.
어머니의 가르침에 따라 날로 천재성을 드러내기 시작했는데 특히 붓글씨와 그림에 뛰어난 소질을 보였다.

이 세상에 현모양처가 어찌 신사임당 한 사람에게 국한될 일인가? 세상의 수많은 어머니들이 모두 현모양처인데도 문헌상으로 그런 기록을 갖지 못했을 뿐이다. 다만 신사임당의 어머니 용인이씨도 현모양처라는 공식 기록을 갖지 못했을 뿐이다.

현모양처는 너무 많아서 일일이 문헌에 기록으로 올릴 수 없다지만, 그 반대로 악모악처들은 기록으로 남는다. 조선시대의 설화소설《콩쥐팥쥐전》에 등장하는 계모 같은 여인은 지금도 가끔 목격 할 수 있다..

●연극으로 펼쳐지고 있는 '콩쥐팥쥐' 이야기.

■ 태임을 존경하며

사임당은 어머니로부터 여자의 모범은 주나라 문왕의 어머니 태임이라는 가르침을 잊을 수가 없었다.

"그 옛날 중국 사람이라 던데 얼마나 훌륭한 여인이었기에 우리 어머니가 알고 있을까?"

신사임당은 이런 의문이 가시지 않았다.

글을 읽고 그림을 그리는 동안 "태임을 따르고 본받아야지!" 하는 마음이 점점 더해졌다

그래서 어린 신인선은 태임을 본받기로 결심하고 마음속의 스승으로 삼았다. 훗날 사임당이라는 호를 갖게 된 것도 태임을 본받겠다는 뜻에서였다.

자녀들에게 삶의 모범을 보여준 어머니로서의 신사임당, 어려서 부모에 대한 효성이 매우 지극한 효녀로서의 신사임당, 7남매의 자녀를 훌륭히 키운 어진 어머니로서의 신사임당, 마음 약하고 무능한 남편에게 용기를 북돋워 주고 학문에 전념하게 한 어진 아내로서의 신사임당, 그림, 문장, 자수, 바느질, 서예 등에 뛰어난 솜씨를 보여준 훌륭한 예술가

로서의 신사임당 등은 모든 사람들이 본받고 싶어 하는 덕목들이다.

신사임당이 좋은 예술 작품을 남길 수 있었던 것은 첫째는 훌륭한 어머니의 가르침 때문이었고, 둘째는 남성중심의 전통적 유교 사회 속에서 허세를 부리지 않은 착한 남편을 만났기 때문이다.

그런 영향으로 학문과 예술의 세계로 정진하는데 걸림돌이 없었던 것이다. 신사임당은 아들딸 7남매를 정성을 다해 교육시켰다.

큰딸 매창은 어머니 신사임당의 예술적 소질을 그대로 이어받았고, 셋째아들 율곡은 대학자로 이름을 떨쳤으며, 넷째아들 우는 시, 그림, 서예, 악기에 능하여 이름을 떨쳤다.

현모양처이며 문학가이자 화가요 서예가였던 신사임당은 자녀들을 어느 하나 나무랄 데 없는 훌륭한 사람으로 키워냈다.

그런 신사임당이기에 많은 사람들이 현모양처의 표상으로 겨레의 어머니로 존경하고 좋은 점을 본받고자 하는 것이다.

제8장

선악의 교훈

신사임당은 우리 사회에 여러 가지의 교훈, 특히 선악(善惡)의 진리를 일깨워준 여인으로 높이 평가되고 있다. 그 교훈과 평가는 크게 세 가지로 요약할 수 있다.

먼저 생각할 수 있는 교훈으로는 조선시대의 여성에 대한 차별과 한계를 뛰어넘으려는 강한 의지를 보여주려고 노력한 여성이었고, 다음은 그 일을 이루고자 몸소 실천하여 자녀들에게 모범을 보여준 어머니였으며, 마지막으로는 아들 율곡을 조선을 넘어 동방의 성인으로 꼽히는 대 학자로 키웠다는 점이다.

신사임당 자신이 태어나고 또 그 아들 율곡을 낳은 유서 깊은 오죽헌은 조선 제11대 임금인 중종 때 건축된 것으로 평가되는 건물이다.

현재 남아 있는 한국 주택건축 중에서 가장 오래된 건물에 속한다. 조선 초기에 지은 주택으로 주심포 양식에서 익공 양식으로 변해가는 건축과정을 보여주는 중요한 건축물로 평가받아 보물로 지정되었다.

그러나 우리에게는 건축양식의 중요성보다 신사임당과 율곡이 태어난 곳으로 더 유명한 곳으로 다가오는 곳이다.

강원도 강릉시 오죽헌로 15 오죽헌은 '까마귀처럼 검은 대나무 숲'이라는 뜻을 지닌 오죽헌은 우리의 소중한 문화재로 보전해야 할 유물이기도 하다.

오죽헌을 지은 연대는 정확하게 나와 있는 기록이 없으나 대체로 15세기로 추정되고 있다.

보물 제165호로 1963년 1월 21일 지정되었다.

오죽헌의 현판 글씨

율곡 이이가 태어난 집으로 뜰 안에 오죽이 있어 이 이름을 붙였다.
정식 명칭은 '강릉 오죽헌'이다. 보물 제165호로 지정되어 있다.

■ 선악의 대칭

조선시대 여성 가운데 신사임당이 최고의 현모양처였다는 것은 누구나 주지하는 사실이다. 그렇다면 그 반대로 가장 악독한 악녀로 기록된 인물들은 누구일까?

그 대표적인 실존 인물 가운데 한 명이 정난정(鄭蘭貞)으로 기록되어 있는데 출생 연도는 알려지지 않고 있으나 사망연대는 1565년 11월 13일로 문헌에 나와 있다.

정난정은 조선 중기 신사임당과 거의 비슷한 시기에 살았던 여인이다. 명종의 넷째 외삼촌이자 재상인 윤원형의 애첩으로 나중에는 그의 두 번째 부인이 되었다.

윤원형은 명종 때에 누나인 문정왕후를 등에 업고 권력을 휘두른 인물 가운데 한 사람인데 정난정은 윤원형의 본부인 연안김씨를 독살했다는 의혹을 받았으며, 사후 사림파에 의해 악녀의 대명사로 몰린 여인이다.

정난정의 본관은 초계인데 도총부 부총관을 지낸 정윤겸의 첩 몸에서 태어난 서녀였다.

어머니는 본래는 상민이 아니었으나 조정에 반대한 신하들의 난에 연루되어 노비가 되어, 정윤겸의 집에 배정되었다가 그의 첩이 된 여인이다.

그러나 정난정은 어머니처럼 그 집에서 노비로 살지 않고 어릴 때 가출하여 기생이 되었다. 그런데 문정왕후의 동생인 윤원형의 눈에 들어 그의 첩이 된 후에 윤원형의 본처 김씨를 내쫓고 자신이 아내 행세를 했다.

윤원형과 정난정

윤원형은 문정왕후의 남동생으로 기생인 정난정을 첩으로 삼고 그녀의 간언과 도움으로 을사사화를 날조하여 파란을 일으켜 권력을 강화하였다. 정난정은 윤원형의 본처를 내쫓고 정경부인이 되어 권력을 누렸다.

■ 양반 권력의 횡포

재물에 눈을 밝히고 경제적인 수완에도 능했던 정난정은 윤원형의 권세를 배경으로 상업권을 장악하여 전매와 모리 행위로 많은 돈을 긁어모아 부를 축적하였다.

그런 일로 그때 권력을 탐내던 간신들이 윤원형과 정난정 사이에서 태어난 자녀들과 다투어 혼인 줄을 연결하느라고 정신이 없을 정도였다. 그런 기회를 놓이지 않고 자신이 기생 시절에 낳은 딸들을 양반 가문에게 시집보내고 부귀영화를 누렸다.

특히 문정왕후와 친밀한 관계를 맺고 신임을 얻어 궁궐을 마음대로 출입했다. 더구나 남편인 윤원형으로 하여금 양반 계급인 적자와 첩 출신인 서자의 신분 차별을 폐지하고 서자도 벼슬길에 나설 수 있도록 하는 상소를 올리게 하였다.

그런데 이런 일은 그때 양반사회를 지탱하는 신분제도의 근간을 뒤흔드는 엄청난 개혁정책이었다. 그런 관계로 적서 차별의 신분제도 때문에 벼슬에 나아가지 못해 좌절하던 사람들에게 엄청난 호응을 받았다.

또한 정난정은 간사스러운 요승(妖僧)인 봉은사의 승려 보우를 문정왕후에게 소개시켜 선종판사라는 높은 직책에 오르게 하였다. 이를 계기로 정난정은 보우가 문정왕후의 총애를 받게 하고 병조판서에 오르게 하였다.

이를 계기로 양쪽으로 갈라져 대립각을 세우던 선종과 교종이 각각 인정받게 되고 신규로 중이 되는 승려에게 나라에서 허가증을 내주는 도첩제도가 다시 실시되는 등 한때나마 불교가 융성하는 길을 열었다.

정난정은 남편에게 반대파의 선비들을 내쫓고 권력을 잡으라고 충동질을 하였는데 이 사태로 일어난 사건이 바로 을사사화이다. 사화가 성공하면서 정난정의 신분이 고속으로 상승하는 계기가 되었다.

을사사화(乙巳士禍)

명종(明宗) 원년(1545)에 일어난 사화. 명종의 외숙(外叔)이자 소윤의 거두인 윤과의 불화로, 인종(仁宗)이 승하하자 명종이 등극하고 그 어머니 문정왕후가 수렴청정하게 됨을 이용하여 윤원형, 이기, 정순봉 등이 음모를 꾸며 윤임의 일가 및 유관, 유인숙 등을 죽이고 많은 명사(名士)를 몰아 낸 일

■ 을사사화의 비극

을사사화의 중심에서 충신 선비들을 내쫓거나 사약을 내리고 귀양을 보내는 일을 조정했던 실질적 장본인인 정난정은 남편 윤원형이 이조판서에 오를 때 자신도 정부인으로 격상되고, 윤원형이 의정부 우의정과 영의정에 오를 때에도 직급이 올라 정경부인의 작호를 받았다.

일개 기생에서 세도가의 첩이 되고 다시 본부인을 내쫓고 안방마님을 차지한 후에는 사화를 종용하고 정경부인에 오른 정난정은 대궐 출입을 마음대로 하면서 문정왕후를 지렛대로 하여 명종 임금과도 친분을 두텁게 쌓았다.

하지만 그런 정난정의 행실에 눈살을 찌푸린 사대부들은 정난정의 대궐 출입 행각을 못마땅하게 여겼지만 세도 때문에 정면으로 반대할 수도 없었다. 그러면서 정난정의 배후인물이자 후원자인 문정왕후가 죽기만을 기다렸다.

마침내 1565년 일이 벌어졌다.

문정왕후가 죽자 사림(士林)들이 들고 일어나 승려 보우를 제주도로 귀양을 보냈고, 정난정을 탄핵하여 본래 신분인 천민으로 강등시켰다.

또한 권세를 휘두르던 윤원형과 정난정을 함께 황해도 강음 땅으로 귀양을 보냈다. 그와 동시에 윤원형의 본처인 연안 김씨를 정난정이 독살했다는 의혹을 규명하는 일에 나섰다.

그런 연유는 문정왕후가 죽자 윤원형의 본부인 가문인 연안김씨측에서 정난정이가 김씨를 독살했다며 의금부에 고발한데서 불거졌다.

이 사건으로 점차 사대부의 공격이 심해지자 정난정은 1565년 11월 13일 술에 독약을 넣어 마시고 스스로 목숨을 끊었다.

그리고 그녀의 남편 윤원형도 뒤를 이어 자결하였다.

정난정이 죽자 사림파에 의해 그녀는 악녀의 대명사로 역사에 기록되었다. 조선의 사대부는 정난정을 조선의 질서를 어지럽힌 타락한 여성으로 묘사하였다. 이를 계기로 한쪽에서는 이야기로 전해오는 구전과 민담을 통해 작품과 희극의 소재로 활용되었다.

정난정의 무덤은 경기도 파주시 교하면 당하리 산 4-20번지 선산 근처에 있는데 그 위치는 윤원형과 본부인 연안김씨가 매장된 묘소 뒤쪽이다.

정난정의 묘

명종의 넷째 외삼촌이자 재상인 윤원형의 애첩이자 그의 둘째 부인이다. 명종조의 권력자 중 한 명으로, 윤원형의 본부인 연안 김씨를 독살했다는 의혹을 받았으며, 사후 사림파는 그를 악녀의 대명사로 일컬어지고 있다.

제9장

불멸의 전설

신사임당과 율곡은 조선시대 수많은 효자 열행(烈行) 인물 가운데서 최고의 효심을 지녔던 어머니와 아들로 꼽힌다.

현모양처 신사임당이 조선시대 최고의 어머니로 불리며 존경을 받는 이유는 아들인 이이를 조선 최고의 대학자로 키웠다는 점과 함께 남다른 효심을 지녔기 때문이다.

이이는 강릉 오죽헌 외가에서 태어나 어머니 신사임당의 교육을 받고 자랐다.

이이가 태어난 곳 오죽헌은 검은 대나무가 뒤뜰 주변에 무성해서 오죽헌이라는 이름이 붙었다.

신사임당의 부모가 살았던 옛 집에서 조금 떨어져 있는 별당 건물이 오죽헌이다. 여기서 이이가 태어났다.

오죽헌에는 《격몽요결》과 벼루를 보관하던 어제각이 있다. 이 건물은 임금이 특별히 내린 어명에 따라 지은 집이라 하여 붙여진 이름이다.

율곡이 세상을 떠난 뒤, 그가 지은《격몽요결》이라는 책과 율곡의 유품이 오죽헌에 남아 있다는 소식을 들은 제22대 임금 정조는 "율곡의 유품을 보고 싶다."고 말하고 즉시 사람을 보냈다.

그래서 유품을 임금에게 올렸는데 책과 함께 유품을 자세히 살펴본 정조 임금은 이이가 사용하던 벼루의 바닥이 닳아 움푹 파진 것을 발견했다.

"과연 율곡이로다!

벼루의 밑바닥이 움푹 파지도록 먹을 갈아 글을 썼으니 참으로 공부를 많이 한 대학자로다."

학문을 사랑했던 정조는 어릴 때부터 공부를 많이 한 이이를 칭찬하며 벼루 뒤에 다음과 같은 글을 써 주었다.

"무원의 못에 적셔 내어, 공자의 도를 본받아 널리 베풂이여! 용은 동천으로 돌아갔건만, 구름은 먹에 뿌려 학문은 여기에 남았구나!"

어제각 현판

임금을 높이는 뜻에서 임금 어'御'자를 약간 위에 적었다.

여기서 무원은 중국 송나라 때의 유학자 주자이고, 용은 율곡 이이, 동천은 저승을 말한다.

정조는《격몽요결》과 벼루를 다시 오죽헌으로 돌려보내면서, 이이의 유품을 잘 보관하라는 어명을 내렸다. 그래서 그때 강원도 관찰사가 어명을 받들어 '어제각'을 지은 것이라고 역사는 전한다.

어제각(御製閣)

정조의 제호를 받들어 강원도 관찰사가 지은 건물이다. 이곳에 율곡 이이가 어릴 때 쓰던 벼루와 그의 저서인 격몽요결이 소장되어 있다.

■ '구사정(九思正)'의 교훈

오늘날 《격몽요결》진품은 율곡기념관에 전시돼 있고, 어제각에는 모조품을 만들어 참고하도록 전시하여 놓았다.

오죽헌에는 이 밖에도 자경문, 구용정, 구사정(九思正)이라는 작은 건물들이 있다. 이런 이름들은 모두 《격몽요결》에 기록되어 있는 구절을 따서 만든 것들이다.

구용(九容)이라는 단어는 "발은 무겁게, 손은 공손히, 눈은 단정하게, 입은 무겁게, 목소리는 조용하게, 머리는 곱게, 기운은 엄숙하게, 서 있는 것은 반듯하게 해야 한다."는 율곡의 가르침이다.

또 구사정(九思正)은 아홉 가지 생각을 바르게 하라는 가르침이다.

율곡은 어머니 신사임당을 일찍 여의고 한 때 산천을 떠돌며 인생에 대해 깊은 생각을 하며 보냈다. 그런 까닭은 계모인 주모 권 부인의 투정 때문이었다. 율곡이 가출하여 금강산에서 불경 경전을 공부하다가 마음을 돌려 강릉 외가로 내려왔다.

율곡은 어머니를 생각하는 마음에서 외가댁에 대한 생각이 더욱 애틋했다.

벼슬을 하는 동안 외할머니가 병석에 누우셨다는 전갈을 받았다. 그러자 벼슬을 내놓고 그 길로 강릉으로 달려간 적이 있었다.

그 일로 일부 사람들이 "고위 관리가 함부로 벼슬을 버리고 사사롭게 행동했다"고 비난했다. 그러자 율곡은 이렇게 말했다.

"사람에게서 제일 중요한 것은 효심이다. 연로하신 어른이 병중이라는 데 자손 된 몸으로 어찌 외면하랴!"

이 말에 많은 선비들이 "역시 율곡이다. 인간사 효가 우선이다!"라며 감동하여 무사히 넘어갔다는 일화가 전해진다.

과거시험에서 장원으로 합격하고 금의환양하는 율곡 이이.

제3부

자기계발에 충실한 여성

신기의 예술가

제1장

화폭에 쏟은 집념

신사임당은 율곡 이이의 어머니로 유명하지만, 아이들의 어머니이기 이전에 한시대를 풍미한 예술가로서의 또 다른 경지를 보여준 매우 재능 있는 여성이었다.

시문과 그림, 글씨는 필적하는 사람이 없을 정도로 조선시대 대표적 예술가로서의 자신의 생애를 개척하였다.

더구나 유교적 봉건시대의 제약을 받았으면서도 여성으로서의 자기계발에 매진했다는 긍정적 평가를 받았다.

신사임당은 그림을 그리는 동안 세상일을 모두 잊은 채 오직 화폭에만 온 정성을 쏟았다. 그렇게 몰두하여 훌륭한 작품을 만들어냈다.

옛 성현의 말처럼 '지성이면 감천'이라 옛말에 이르기를 열정을 쏟고 집념을 기울이면 하늘이 돕고, 정신을 하나로 모아 열심히 하면 뜻을 이루다고 하여 '정신일도하사불성(精神一到何事不成)'이라고 하였다.

신사임당은 그런 정신을 늘 마음에 새겨가면서 성실하게 생활하였다.

그림과 서예, 자수 등의 많은 작품을 남긴 신사임당의 갤러리 작품으로는 나뭇가지와 나비, 나방, 메뚜기, 잠자리와 수박과 쥐 등이 주로 등장했다. 화풍은 여성 특유의 섬세하고도 정묘함을 더하여 한국 제일의 여류화가라는 평을 들었다.

그 가운데서도 특히 유명한 작품으로 《산수도》, 《초충도》, 《연로도》, 《자리도》, 《노안도》, 《요안조압도》와 6폭 《초서병풍》 등이 대표적이다.

노연도

이 작품은 신사임당의 남편 이원수에 대한 마음이 담겨 있는 작품이다. 그림은 여름 철새인 백로와 연밥이 열려 있는 가을 연못이 한 그림에 펼쳐지고 있다. 무언가 시차적으로 맞아 떨어지는 장면이 아닐 수 있으나, 내면에는 남편 이원수가 과거 시험인 소과와 대과를 연달아 급제하라는 '합격기원'의 의미를 담고 있다.

■ 안견을 스승삼아 정진

신사임당은 당대의 뛰어난 화가로서 7살 때 세종대왕 시대의 화가 안견의 그림을 본떠서 그림을 그렸다. 뿐만 아니라 서예가이자 시인이기도 한 신사임당은 친정어머니를 못 잊어 그리워하는 《사친》의 한시를 지었다.

신사임당은 지혜와 부덕을 모두 갖춘 총명하고 인자한 어머니이자 창작에 열정을 쏟았던 예술가였다. 하지만 우리 역사는 신사임당을 율곡의 어머니로서 더 강조하고 있다.

신사임당을 훌륭한 예술가이자 교육가로서 개인의 능력이나 삶을 인정하는 것이 아니라 누구의 딸이고 누구의 아내이며, 어느 가문의 며느리이자 누구의 어머니라는 관점으로 평가하고 표현하고 있다.

신사임당을 이렇게 평가하고 표현하게 된 결정적인 이유는 역사를 기록하고 전수하는 모든 과정을 남자들이 전담했던 시대적 상황 때문이었다.

남성 중심의 사회를 살고 있었던 조선시대에서 여성을 역사에 기록하고 등장시키는 데에 매우 인색하고도 단편적이었다.

그 대표적인 인물이 바로 신사임당이었다는 평가이다.

역사적 인물로서 신사임당은 유교 가부장제가 만들어낸 이상적 여성의 전형으로 자기 자신이기보다는 율곡의 어머니로 더 유명하고, 이원수의 아내로서 인정받기 보다는 강릉 친정어머니를 극진히 섬긴 효녀로 각인되어 있다.

열정적인 창작활동을 한 예술가로 성공을 거둔 여류 예술가이기 전에 훌륭한 현모양처에 갇혀버린 여성으로 이름을 올렸다.

신사임당은 자녀의 재능을 살린 교육적 성취를 통해 교육과 가정의 중요성을 환기시킨 역사의 어머니였다.

제2장

모녀 화가로 명성

신사임당은 큰딸 매창과 함께 모녀(母女) 화가로 명성을 올렸다. 어머니를 닮아 서화에 뛰어난 솜씨들을 보이며 이름을 날린 아들 이우와 큰딸 이매창이 그들이다.

특히 율곡의 바로 아래 동생인 이우는 그림과 시 재주가 특출했고, 큰딸 매창 역시 시화에 능해서 '작은 신사임당'이라는 말을 들었다.

신사임당은 특히 매화를 좋아한 어머니 신사임당이 첫딸의 이름을 매창이라고 지었다. 오죽헌 뜰 몽룡실 옆에는 신사임당이 심었다는 600년 된 매화나무 한 그루가 서 있는데 지금 천연기념물 제484호로 지정되어 있다.

더구나 신사임당은 율곡이 어렸을 때에 사용하던 벼루에도 매화 그림을 그려 놓았을 만큼 매화를 좋아했다.

강릉 오죽헌 율곡매

강릉 오죽헌 몽룡실 뒤곁에 있는 나무이다. 오죽헌이 들어설 당시인 1400년경에 심었으며 신사임당과 율곡 이이가 직접 가꾸었다고 전한다. 역사적인 가치가 있으며, 다른 매실나무보다 굵은 매실이 달리는 귀중한 자원이라는 점에서 2007년 10월 8일 천연기념물 제484호로 지정되었다.

신사임당의 그림은 품격이 너무나 빼어났음을 나타내는 일화가 있는데 하루는 그림이 눅눅해지자 볕에 말리려고 밖에 잠시 내 놓았더니, 그림 속의 풀벌레들이 실제 벌레인줄 알고 닭들이 한꺼번에 몰려들어 쪼았다는 일화가 있을 정도로 예술적인 재능이 뛰어났다.

조선시대 최고의 학자로 평가된 율곡 이이는 동생 이우에게 이런 말을 했다.

"동생이 학문에 종사했다면 내가 따라가지 못하였을 것이야!"

신사임당은 글이나 그림 그 어느 쪽에서도 부족함이 없을 정도로 그 실력이 뛰어났지만 자신의 실력을 함부로 뽐내거나 자랑하지 않았다고 한다.

율곡 이이의 벼루

정조임금이 1788년 율곡 이이의 친필《격몽요결》과 어린시절 사용하던 벼루를 보고, 책에는 머릿글을, 벼루 뒷면에는 율곡의 학문을 찬양한 글을 써서 소중히 보관하라는 분부를 내렸다.

■ 치마폭에 그린 포도송이

신사임당은 어느 날 잔칫집에 초대를 받아 여러 사대부 부인들과 이야기를 나누고 있었다. 그런데 마침 국을 나르던 하녀가 어느 부인의 치맛자락에 걸려 넘어지는 바람에 그 부인의 치마가 그만 젖고 말았다.

"아하! 이를 어쩌나? 빌려 입고 온 옷을 버렸으니…."

그 부인은 가난하여 잔치에 입고 올 옷이 없어 다른 사람에게 옷을 빌려 입고 왔던 것이다. 그런데 그 옷을 버렸으니 걱정이 태산 같아 안절부절 몸 둘 바를 몰랐다.

그러자 신사임당이 그 부인에게 말했다.

"부인! 저에게 그 치마를 잠시 벗어 주세요. 제가 어떻게 수습을 해 보겠어요."

부인은 이상하게 생각하면서 신사임당에게 치마를 벗어 주었다.

그러자 신사임당은 붓을 들고 치마에 그림을 그리기 시작했다. 치마에 묻어 얼룩져 있었던 국물 자국이 신사임당의 붓이 지나갈 때마다 탐스러운 포도송이가 되기도 하고, 싱싱한 잎사귀가 되기도 했다.

이 광경을 보고 있던 사람들이 모두 놀랐다. 그림이 완성되자 신사임당은 그림이 그려진 치마를 팔아서 비용을 마련하게 하였다.

"이 치마를 시장에 갖고 나가서 파세요. 그러면 새 치마를 살 돈이 마련될 것입니다."

실수로 빌려온 옷을 버렸던 그 귀부인은 치마를 팔았는데, 실물과도 같아서 비싼 가격에 팔렸다고 한다.

이렇게 그림을 그리고 시를 짓는 비상한 재주는 자녀들에게로 그대로 이어졌다.

포도도

신사임당의 빼어난 작품으로 묵화의 명암감이 절정으로 드러내는 작품이다.

부모는 자녀들의 거울이다

申師任堂

제3장

정교한 화폭의 세계

시와 서화에 뛰어나고 자수도 출중한 조선의 대표적 여류 화가였던 신사임당의 명작《초충도》는 살아 생동하는 그림으로 유명하다.《초충도》그림은 비슷한 구도의 풀과 벌레들을 이어가며 그린 여덟 폭의 병풍인데, 현재는 열 폭으로 꾸며져 있다.

다만 늘어난 두 폭에는 그림이 아니라, 조선시대의 학자인 신경과 오세창의 발문을 각각 붙여 만든 것이다. 각 폭마다 화면의 중앙에 두 세 개의 식물을 그린 다음에, 그 주변에 흔히 볼 수 있는 각종 풀벌레를 적당히 배치하여 좌우 균형과 변화를 이루었다.

두 개의 수박을 중심으로 그 줄기와 화초, 생쥐, 나비 등을 적절하게 배치하여 구성의 묘를 살려 놓았는데 넝쿨진 수박밭에서 쥐 두 마리가 수박을 파먹는 모습이나 그 위로 나비 두 마리가 날고 있는데 색상이 참 예쁘다.

간단한 주제를 안정된 구도 속에 아담하고 음영을 살리면서 섬세하고 부드럽게 표현한 점이 사임당의 특수한 화법양식이라는 것이다.

여러 가지 식물과 풀벌레를 실물에 가깝게 정확하게 묘사하면서도, 선명한 필치로 묘사하여 여성 특유의 청초하고 섬세한 분위기가 살아 있다.

이《초충도》는 형태가 단순하고 간결하여 규방의 여성들이 필수적으로 하던 자수를 위한 밑그림처럼 여겨지기도 한다는 것이 미술가들의 평이다. 신사임당의《초충도》병풍은 강원유형문화재 제11호로서 강릉 오죽헌 율곡기념관에 전시되어 있다,

《초충도》는 단순한 주제와 간결한 구도 그리고 섬세하고 여성적인 표현과 산뜻하면서도 한국적 품위를 지닌 색채감각 등이 어우러진 뛰어난 작품으로 꼽힌다.

숙종 임금을 비롯한 송시열, 이형규, 윤증 등 여러 지식인들이 신사임당 작품의 예술성을 높이 평가하면서 그림과 글에 발문을 써 주는 등 칭찬을 아끼지 않았다.

■ 역동적인 그림

신사임당의 그림과 글씨 그리고 시는 매우 섬세하고 여유롭고 생동감이 넘친다. 그림들의 주된 소재들은 주위에서 흔히 볼 수 있는 과일, 난초, 물고기, 새들, 풀벌레 등이다. 모두가 생활과 자연 속에서 섬세한 여성의 눈으로 찾아내고 관찰될 수 있는 친근한 소재들이다.

특히 《초충도》에 등장한 풀벌레들이 섬세하고도 생동감 넘쳐 살아있는 것 같아서 닭이 살아있는 줄 알고 쪼아댔다는 유명한 일화에서 그림의 생동감을 다시 한번 느끼게 한다.

신사임당의 그림은 아주 조용하면서도 정적인 동시에 매우 역동적이면서도 따뜻한 느낌이 묻어난다. 여성 특유의 관찰력으로 나무줄기와 샛노랗게 피어나는 잎사귀의 느낌 하나하나에 이르기까지 생명력을 담아냈고, 벌레의 다리 끝 까지도 살아 움직이듯 꼼꼼하게 살려냈다.

더구나 그림 속 물체의 색과 재질까지 특성에 맞게 잘 표현하였다. 신사임당은 자녀들에게 그림에 대한 가르침을 가끔 전해 주었다.

"그림은 단순히 손재주만으로 그려내는 것이 아니라 생명력을 담아내야 한다. 생명력이 없는 그림은 죽은 그림이므로 우선 마음을 차분히 가다듬은 다음 그리고자 하는 대상을 자세히 관찰한 뒤에 그려야 살아있는 그림을 그릴 수 있다. 움직이는 곤충은 말할 것도 없고, 가만히 서 있는 식물도 마찬가지로 그리고자 하는 대상이 갖고 있는 실체를 확실히 파악하지 않으면, 그림을 그려도 생명력이 없다는 것을 명심하고 그림을 그려야 좋은 그림이 된다."

가지와 벌

이 그림은 신사임당이 그린 초충도 중에서 가지와 벌을 그린 작품이다. 화면의 중앙에 두 가지 줄기가 좌우 대칭을 이루며 조화를 나타내고 있다.

제4장

창작미술의 지평 열어

신사임당의 작품은 풍요를 상징하는 것으로 평가된다. 지폐 5만원권 앞쪽에 그려진 포도 그림이 풍요를 상징하는 대표적인 작품이다.

일곱 살 때 조선 전기 화가 안견의 그림을 본떠 그리면서 실력을 쌓았다. 이때부터 산수화와 포도, 풀, 벌레 등을 마치 살아있는 것처럼 그리면서 주변 사람들을 놀라게 하였다.

닭이 실제 풀과 곤충인 줄 착각했다는 《초충도》는 명작 중의 명작으로 꼽힌다. 닭이 실제 곤충인 줄 알고 신사임당의 그림을 쪼았다는 일화는 풀벌레 그림이 생동하고 있다는 것을 의미하는 것이다. 그만큼 신사임당은 빼어난 《초충도》를 그렸던 예술가이다.

신사임당은 수박을 핥아 먹는 두 마리 쥐의 모습을 아주 앙증맞고 귀엽고 예쁘게 그려냈다.

그리고 수박과 패랭이꽃 위에 나비 두 마리가 날아가는 장면은 신사임당의 《초충도》 8폭짜리 병풍 중의 한 장면이다.

신사임당은 자녀들을 훌륭하게 키워낸 어머니로서뿐 아니라 자연을 대상으로 사실적인 작품을 남긴 화가로도 유명하다.

조선시대 최고의 천재 율곡의 어머니로 너무나 잘 알려진 신사임당은 어렸을 때부터 그림 그리는 재주가 남달랐다.

아버지가 특히 그 재능을 귀히 여겨 북돋아 주었는데 특히 결혼 후에도 아버지 초상을 치르고 3년 상을 마칠 때까지 친정어머니를 보살피느라 강릉에 계속 머무르며 그림 공부에 정진하였다.

동해 바다에서 검은 용이 여의주를 물고 솟아올라 문설주에 기대었다가 하늘로 날아 올라간 꿈을 꾸고 아들 율곡을 낳은 방이라 하여 그 방을 몽룡실이라 하였는데, 그 이름 몽룡실 현판이 지금 오죽헌에 걸려 있다.

자연미를 담아낸 화가

신사임당의 그림 세계의 특징은 자연미(自然美)를 담아냈다는 것이다.

자연을 바라보는 시선을 그림의 세계를 통해 넓혀 주었다는 데 의미가 있다.

맨드라미와 패랭이, 양귀비와 원추리, 그리고 가지와 수박, 오이 등이 그림 속에 고스란히 담겨 있다.

여러 가지 식물과 방아깨비, 메뚜기, 개미, 매미, 나비, 잠자리, 벌 등의 곤충, 그리고 쥐와 개구리, 도마뱀과 달팽이 같은 작은 동물들도 그림의 소재로 다루어 그림을 아름답게 장식했다.

이렇듯 아주 작은 미물이라도 그림 속의 주인공으로 내세워 인간의 마음으로만 자연을 본 것이 아니라 자연의 실상으로 인간을 바라보게 한 예술과의 지성이 번뜩인다.

생명을 아끼고 존중하여 아름다운 색감으로 조화를 이루면서 예술로 승화시켰다는 점도 신사임당의 뛰어난 안목이다.

신사임당은 그림을 통해 단순한 아름다움의 예술 세계를 넘어 인간과 자연이 사랑과 나눔의 정을 통해 새로운 힘을 만들어가는 따뜻한 미소를 담아놓았고, 함께 어우러져 살아가는 공동체 의식을 보여주고 있다.

이는 창작예술의 세계에 새로운 지평을 열었고, 작은 생명체에도 힘을 불어넣어 공존의 미덕을 심어주려는 넓은 세계를 지향하는 것이었다. 자연의 순리를 배우고 따라가도록 이끌면서 창작의 지혜를 일깨워주는 것이다.

맨드라미와 쇠똥구리

신사임당이 풀과 벌레를 그린 초충도는 여성적인 섬세한 필치와 미려한 설채법을 구사한 그린 그림이다.

제5장

횃불처럼 타오른 열정

신사임당의 미술은 단순한 그림을 넘어 예술을 향한 창작의 열정으로 언제나 횃불처럼 타 올랐다. 그림 속의 포도와 자연 풍경은 절묘하기가 이를 데 없다는 평가를 받았다. 그래서 조선시대의 최고의 화가로 꼽혔던 안견 다음 가는 화가라는 극찬을 들었다.

이처럼 여성으로서 덕행을 쌓은 동시에 뛰어난 예술성까지 갖춘 화가로써 명성을 떨쳤다. 열심히 배우고 부지런히 익힌 노력의 결과이기도 하지만 천재적인 재능과 남다른 열정이 있었기에 가능한 일이었다.

신사임당의 그림을 종류별로 나누어 보면 풀벌레 그림 22점, 포도 그림 3점, 꽃과 새를 담은 화조 그림 2점, 물고기를 곁들인 화조어족 그림 4점, 매화 그림 14점, 자수 초충도 그림 8점 등이다.

현재 오죽헌에 보관 중인 풀벌레 그림은 모두 풀과 꽃 아래위로 벌레가 그려져 있는데 유독 한 폭만이 아래쪽에 벌레가 없고 훼손된 채로 보존되어 있다.

이는 그림을 보관하던 중에 습기가 끼어 햇볕에 말리려고 뒤뜰에 잠시 펼쳐 놓았는데, 닭이 진짜 벌레인줄 알고 쪼아 구멍이 뚫여서 벌레 그림이 없어졌다고 전한다. 그만큼 절묘하고 생동감이 넘친 그림이다.

신사임당의 성장 과정에서 일찍이 《사서오경》에 통달하였다고 하는데, 《사서오경》을 통해 높은 학문의 경지에까지 이르렀다.

그런 수준 높은 옛날 문헌을 읽고 깨우쳐서 품위 있고 교양 있는 문장과 그림으로 강릉 땅은 물론이고 한양의 선비들도 신사임당의 학문과 예술을 크게 칭찬한 것이다.

양귀비와 도마뱀
신사임당의 초충도 작품이다.

■ 즉석 그림 선물

신사임당의 일화 가운데 쟁반 그림 이야기가 있다.

남편이 친구들과 어울린 자리에서 어떤 친구가 신사임당에게 그림 한 점을 청하였다.

갑자기 그림을 그려 달라는 남편 친구의 청에 신사임당은 말없이 미소만 지었다. 그러나 남편은 아내의 그림 실력을 자랑하고 싶어 했다.

"멋진 그림을 한 폭을 선사하구려!"

신사임당은 남편의 마음을 읽고, 그 자리에서 순간적인 기지를 발휘하여 놋쟁반에 그림 한 폭을 그려 준 것이다.

일반적으로 신사임당의 글씨에는 고상한 정신과 기백이 들어 있다는 평가를 받는다. 그 대표적인 사례가 '말발굽누에머리'라는 체법의 글씨체이다.

해서와 유명한 초서 6폭 병풍, 그리고 초서와 4 글자의 전서가 유물로 남아 있다.

그 유물 가운데 해서는 종이에 먹으로 쓴 것인데 가로 50㎝, 세로 33㎝의 작품이다.

초서 한 폭과 전서 네 글자는 신사임당이 모든 글씨체를 자유로이 쓸 수 있었다는 증거이기도 하여 매우 소중한 유물로 여긴다.

어려서부터 그림을 공부한 신사임당은 그림 한 폭에도 열정과 정성을 담아내어 하나같이 생동감이 넘친다.

신사임당의 어린 시절에 대해서는 특별히 전해오는 기록이 별로 없다. 다만 일곱 살 때부터 스승 없이 그림 배우기를 시작했는데 세종대왕 때 이름 높던 화가 안견의 산수화를 스승 삼아 그림 공부에 열중했다고 전하는 기록이 유일하다.

수박과 들쥐
수박 덩굴에 달려 있는 수박을 파먹고 있는 들쥐가 앙증맞게 보인다.

당시의 사회 환경으로 보면 여성이 그림 공부나 학문을 익힌다는 것은 쉽지 않은 일이었다.

그러나 사임당 어머니인 이씨부인과 아버지 신명화 그리고 외할아버지 이사온과 외할머니 최씨 등이 사임당의 재능을 발견하여 글을 가르치고 그림 공부를 하도록 했던 것으로 알려졌다.

남편 이원수는 충무공 이순신 장군과 같은 덕수이씨로 충무공과는 18촌으로 형제 항렬이었다. 원래 이름은 난수(蘭秀)였으나 후에 원수(元秀)로 고쳤다고 한다.

남편은 일찍 아버지를 여의고 홀어머니 밑에서 성장한 관계로 학문이 별로 깊지 못하였던 것으로 전해졌다.

하지만 박식하고 재주가 뛰어난 아내 신사임당이 많은 노력을 기울였으나 과거시험에 들지 못하고 선대 조상의 음덕으로 늦게 벼슬길에 올라 수운판관에 이르렀다.

■ 바른 언행 실천

신사임당은 그 당시 사대부 가문에서 부인들이 필독 문장으로 여겼던 《내훈(內訓)》을 즐겨 익히고 모두 암송하였으며, 이를 태교에서부터 자녀 양육에 이르기까지 조심하고 자상하게 살펴가며 실천하였다.

신사임당은 사람이 몸과 마음으로 느끼는 감정이 사람의 몸에 끼치는 영향을 생각하여 태아의 정신세계에까지 세심한 관심을 기울였다.

그리하여 사물을 보는 것이나, 냄새를 맡는 일, 식사를 하는 예절, 남의 말이나 소리를 귀담아 듣는 자세, 말을 바르게 하는 일, 갖추어야 할 정숙한 몸가짐에 이르기까지 모든 것에서 올바르지 않은 것은 생각하지도 않고 또 행하지도 않았다.

감정에 좌우되는 여인의 심성을 조절하는 것에까지도 세밀한 주의를 게을리 하지 않고 잘 지키면서 몸소 실천하였고 진실한 마음으로 성심 성의껏 자녀들을 가르쳤고, 자신의 창작 의욕을 예술성을 계발해 나아갔다.

이처럼 자녀들을 지성으로 가르쳤기에, 신사임당의 자녀 7남매는 모두 훌륭한 인물이 되었다. 그 중에서도 셋째 아들인 율곡과 막내아들 우, 큰딸 매창은 당대의 명사로 이름을 떨쳤다.

신사임당의 그림, 율곡의 글씨, 누나 매창의 매화도, 동생 우의 초서병풍 작품은 지금 오죽헌 경내의 율곡기념관에 나란히 전시되어 있다.

율곡 기념관

신사임당을 비롯하여 율곡과 그의 형제들의 작품과 유품이 전시되어 있다.

■ 자녀들의 행적

신사임당의 아들딸들도 모두 어머니의 가르침을 잘 받아 나름대로의 삶을 개척하였다.

큰아들 선은 진사에 올라 한양 남부참봉을 끝으로 47살 젊은 나이로 세상을 떠났고, 둘째 아들 번은 아우 율곡에게 벼슬에서 물러나기를 권하는 글을 쓸 만큼 학식이 높았던 것으로 알려졌으나, 그의 행적은 분명하지 않다.

둘째 딸은 윤섭과 결혼하여 황해도 황주 땅에서 살았는데, 율곡이 황해도 감사가 되었을 때 남매가 만나 오빠와 여동생의 정을 나누었다는 일화가 전한다.

세째 아들인 율곡은 과거시험 장원 9관왕이라는 미증유의 금자탑을 쌓았고, 첫째 딸 매창은 한양의 조대남의 아내가 되어 남편이 벼슬길에 나가도록 극진히 내조하여 충청도 관찰사에 오르게 한 여성으로, 학문과 예술에도 뛰어나 오늘날에도 유품이 남아 있다.

그런 까닭에 살아생전에 '작은 사임당'이라는 찬사가 쏟아졌다.

넷째아들 우는 호를 옥산(玉山)이라 하였는데 명종 때 진사시험에 합격한 뒤 사헌부 감찰, 괴산과 고부 그리고 비안 고을 군수를 차례로 지냈고 군수품의 저장과 출납을 맡아보던 정3품 당하관 벼슬인 군자감정(軍資監正)을 역임하였으나, 벼슬길보다 학문과 예술로 그 이름이 더욱 빛나고 높았다.

어머니 신사임당의 예술적 재능을 이어받아 높은 시와 그림, 글씨는 물론 거문고에까지 능하여 사절(四節)이라 불린 보기 드문 천재적인 예술가였다. 특히 율곡이 그 동생을 가리켜 "내 동생이 학문에 더욱 정진했다면 나를 앞섰을 것."이라고 찬탄하였다.

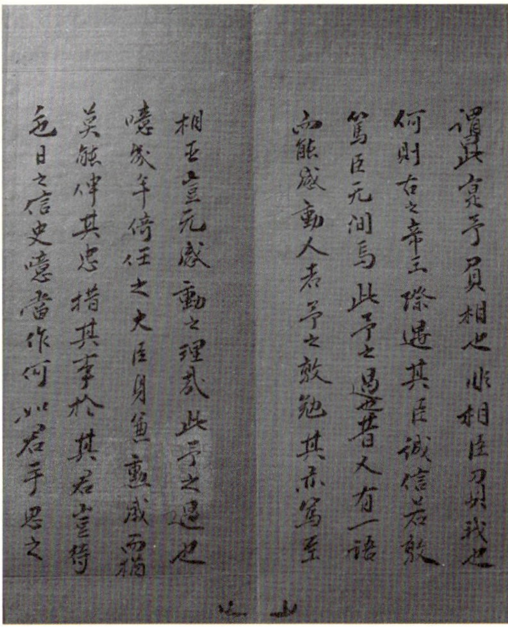

옥산 이우(李瑀)의 필첩

이우는 율곡 이이의 동생으로 그가 일찍이 영남(嶺南) 선산(善山)에서 살았을 때 선산 사람들이 사절(四絶)로 일컬었는데, 이는 거문고·서예·시·그림을 이른 것이고 그중 글씨가 특히 절묘하였다.

■ 고고한 인품

아들딸 7남매를 한 결 같이 이름난 학자요 현명한 예술가이며 뛰어난 부덕을 갖춘 여인으로 길러낸 것을 보면 신사임당의 모습과 인품을 미루어 짐작할 수 있다.

또한 부모를 지극한 효성으로 받들고 남편을 성심껏 섬겼던 신사임당을 현모양처의 표상으로 삼게 한 송시열의 판단이 매우 탁월했다고 역사는 전한다.

현모양처의 표상이 어찌 신사임당뿐인가? 하는 이야기를 하는 사람들이 많다.

오늘날 우리가 신사임당을 현모양처 부덕의 상징으로 존경하여 숭앙하는 까닭은 그 이상의 인품을 지닌 여성을 찾아내지 못했다는 이유에서다.

신사임당이 태어난 강원도 강릉 땅은 빛나는 문화와 전통이 서린 곳이요, 동쪽에는 파란 동해가 끝없이 펼쳐지고 서쪽으로는 태백산맥 자연의 산수 환경이 그림같이 아름답고 인심이 순후한 지역이다.

그래서 이중환이 《택리지》에서 이르기를 "동문밖에 사람 사는 곳은 강릉뿐"이라고 할 만큼 학문과 예절을 숭상하는 문향의 고장이다.

신사임당의 아버지 신명화는 본래 한양 사람인데 천성이 순박하며 곱고 강직하여 어려서부터 성현의 글을 읽되 선악으로써 자기의 언행을 경계하는 자료로 삼았다.

자라면서는 더욱 학문과 인격이 뛰어나 함께 공부하는 선비들 사이에서도 지조 굳은 인물로 정평이 나 있었다.

그러나 벼슬에는 뜻이 없어 과거에 응시하지 않다가 41세 때인 중종 11년(1516년)에 비로소 진사에 오르자 영의정 윤은보가 벼슬을 적극 권하였다. 하지만 한사코 사양하고 학문에만 전념하였다.

그로부터 3년 뒤에 기묘사화가 일어났으나 평소에 시국을 염려했을 뿐 학문에만 전념한 탓에 화를 면해 기묘사회에 연루되었던 기묘명현 중의 한 사람이라는 말을 들었다.

생전에 공정하고 엄격한 성품을 가졌던 것으로 알려진 신명화와 정숙한 용인이씨 사이 다섯 딸 가운데 둘째로 태어난 사임당도 그런 아버지의 곧은 기질을 타고났다는 말을 들었던 것이다.

신사임당이 오늘날 영원한 현모양처 어머니 상으로 추앙을 받게 된 데에는 어머니 용인이씨의 가르침이 절대적인 영향을 끼쳤다.

신사임당 동상

강원도 강릉시 경포대 경내에 있는 신사임당의 동상으로 표준 영정을 토대로 제작되었다.

제6장

어머니의 빛을 본 자녀들

신사임당이 존경한 태임은 옛날 중국 땅에서 주나라를 건국한 문왕의 어머니였다.

아들 문왕이 강태공의 도움을 받아 천하를 평정하고 손자 무왕으로 하여금 주나라의 기반을 잡아 발전시키게 한 여인이다.

문왕은 유가에서 성천자로 불리는 황제이다.

그래서 율곡의 어머니는 태임을 본받겠다며 당호를 사임당으로 지었다고 전한다. 문왕의 어머니 태임과 같이 자녀를 키워보고 싶다는 마음에서 그렇게 했던 것이다.

"신사임당과 율곡은 그 어머니에 그 아들이다."

당시 사람들이 모두 그렇게 말했다. 율곡은 어머니의 뜻을 저버리지 않고 조선 성리학을 완성한 사상가요, 철학자이자 대정치가가 되었다.

신사임당의 위대함은 그보다 조선 사회가 바라는 삼종지도의 여성상에서 한 걸음 더 나아가 스스로의 인생을 개척하여 자아를 실현하려고 노력했다는 데에 있다.

삼종지도는 봉건시대 여성의 근본 도리로서 어려서는 아버지를, 시집가서는 남편을, 그리고 늙어서는 자녀들을 따르는 세 가지의 삶을 가리키는 말로 삼종지의라고도 한다.

일곱 살 때 벌써 조선 초기의 최고의 화가 안견의 그림을 스스로 익혀서 안견의 화풍에다가 여성 특유의 섬세함을 더하여 조선시대 제일의 여류 화가로 이름을 올렸다.

19세에 결혼하였지만 딸만 다섯인 친정을 떠날 수 없어 신혼 초에는 남편의 양해 아래 친정에서 주로 생활하였다. 이로써 시댁 일에 얽매이지 않고 그의 숨은 예술적 재능을 마음껏 펼치게 되었다.

■ 효녀 상주(喪主)

신사임당은 결혼한 지 몇 달 뒤에 친정아버지가 세상을 떠나자 아들이 없는 친정에서 상주(喪主) 노릇을 대신한 효녀였다. 그렇게 하면서 아버지의 3년 상을 마칠 때까지 친정에서 지냈다.

그런 관계로 신사임당은 자유로운 예술 활동을 할 수 있었고 또한 여류 화가로 성장하는 발판을 다진 것이다.

이런 가운데에 오죽헌 친정에서 셋째 아들 이이를 낳았다. 사임당의 학문적 문장은 아들 율곡이 본받고, 그의 예술적 재능은 큰딸 매창과 넷째아들 우가 이어받아 활짝 꽃을 피워냈다.

율곡 이이는 문장가이자 화가인 어머니를 스승으로 두고, 화가인 누나의 보살핌 아래에서 학문을 닦아 대학자가 되는 길을 걸어 나간 행운아였다고 할 수 있다.

게다가 퇴계 이황 등 당대의 기라성 같은 대학자 문인들과 교류하면서 학문의 경지를 드높였다.

이로써 오죽헌은 명실공히 문화 예술의 전당으로 관심을 끌었는데 김장생의 스승인 송익필과 고향 친구 성혼이 율곡의 친구요, 같은 해에 문과에 급제한 동갑내기 정철은 평생을 두고 마음과 뜻이 통하는 벗이었다.

정철(鄭澈)

조선 시대 중기의 시인이자 문신, 정치인, 학자, 작가이다. 호는 송강(松江). 25세 때 <성산별곡>을 지었으며, 함경도암행어사·좌랑·종사관·전라도암행어사·직제학 성균관 사성 등을 역임했다. 45세 때에는 강원도관찰사가 되었는데, 이 때 <관동별곡>과 <훈민가> 16수를 지었다. 48세 때 예조판서로 승진했으나 동인의 탄핵을 받고 고향으로 내려가 4년 동안 은거 생활을 했다. 이 때 <사미인곡>·<속미인곡> 등의 작품을 지었다.

■ 오죽헌의 전설

신사임당과 율곡이 유난히 아꼈다는 배롱나무와 매화가 오죽헌 뜰에 있는데 모두 수령이 600년이 넘었다. 배롱나무는 강릉시 꽃나무로 지정되어 있다.

신사임당의 어머니 용인이씨는 다섯 딸에게 재산을 물려주면서 둘째 딸의 아들인 외손자 율곡에게는 조상의 제사를 받들라는 조건으로 한양 수진방 기와집 한 채와 전답을, 그리고 넷째 딸의 아들인 외손자 권처균에게는 조상의 묘소를 보살피라는 당부로 강릉의 기와집과 전답을 주었다.

권처균은 외할머니로부터 물려받은 집 주위에 까마귀와 같은 검은 대나무가 무성한 것을 보고 자신의 호를 오죽헌이라고 했는데 그것이 오늘날의 오죽헌이다.

오죽헌의 배롱나무

죽헌 배롱나무는 강릉 오죽헌 내 사당 앞 정원에 심어져 있다. 이 나무는 추위에 약해 북한계선 지역에 남아 있는 것으로는 최고목으로 추정되고 있다.

어머니 신사임당이 세상을 떠난 뒤 아버지 이원수가 바로 재혼을 하였다. 그런데 계모 권 여인의 학대가 심해지자 율곡이 집을 나와 금강산으로 들어가 공부하다가 20세 되던 해 봄에 외가인 오죽헌으로 돌아와 자경문을 지은 일화는 유명하다.

자경문은 뜻을 세우자는 입지(立志)로부터 앞으로 스스로 경계하여야 할 11가지 항목을 기록한 것으로 율곡의 좌우명인 것이다. 자경문을 지은 오죽헌 문성사에는 율곡의 영정이 봉안되어 있다.

문성은 “도덕과 학문을 널리 들어 막힘이 없이 통했으며 백성의 안정된 삶을 위하여 정사의 근본을 세웠다”는 의미를 담아 1624년에 인조 임금이 율곡에게 내린 시호이고, 문성사는 율곡의 위패를 모신 사당이다.

지금 걸려 있는 문성사 현판은 박정희 전 대통령의 친필이다. 보물 제165호 오죽헌은 신사임당과 율곡 이이가 태어난 유서 깊은 집이다.

문성사(文成祠)

율곡 이이의 유품이 함께 전승되고 있으며, 이 지역의 율곡을 숭앙하는 정서를 담고 있으며 문성사는 율곡 이이의 시호에서 명명되었다.

■ 퇴계와 율곡의 만남

천하의 대학자 퇴계 이황(李滉)과 율곡 이이(李珥)의 만남은 필연적인 운명과도 같다.

오죽헌에서 태어난 율곡이 36세 연상인 대선배 퇴계를 처음 만난 것은 1558년(명종 13년)이다. 우연히 퇴계의 고향인 경북 예안을 방문할 때 찾아간 것이다.

퇴계는 처음 만난 율곡을 반갑게 맞이하면서 그의 재능에 탄복하고 한참 후배인 율곡에게 이렇게 말했다.

"후생가외(後生可畏)라더니 후배가 두렵다는 말이 옛 말이 아니로구나!"

그로부터 율곡은 퇴계 이황과 같은 시대에 같은 학문의 길을 걸으면서 조선시대 유학의 쌍벽을 이루었다.

퇴계는 그의 제자들에게 율곡이 나이는 어려도 큰 학자이니 예를 갖추어 모시라고 일렀다. 이에 제자들이 불평하자 이렇게 타일렀다.

"율곡은 동방의 큰 성인이다."

그때 율곡은 과거시험의 구도 장원(九度壯元) 대기록을 세우기 전이었다. 그런데도 퇴계는 율곡의 학문과 인품을 높이 평가한 것이다.

당대의 대학자로 사림들의 존경을 받은 퇴계가 36세 연하의 학자 율곡을 높이 평가한 까닭은 무엇일까?

그 질문에 연관된 재미있는 이야기가 전한다.

"덕수이씨 율곡의 후손들과 진보이씨 퇴계의 후손에게 물어 보라!"

조선시대에 학문과 예술로써 성공한 가문으로는 덕수이씨 율곡 가문을 꼽을 수 있다는 말이었다.

어머니 신사임당을 중심으로 아들 율곡과 우, 딸 매창이 학문과 예술의 새로운 세계를 일궈냈기 때문이다.

퇴계 이황(李滉)
조선 중기의 문신이자 유학자로 주자의 사상을 깊게 연구하여 조선 성리학 발달의 기초를 형성한 인물이다.

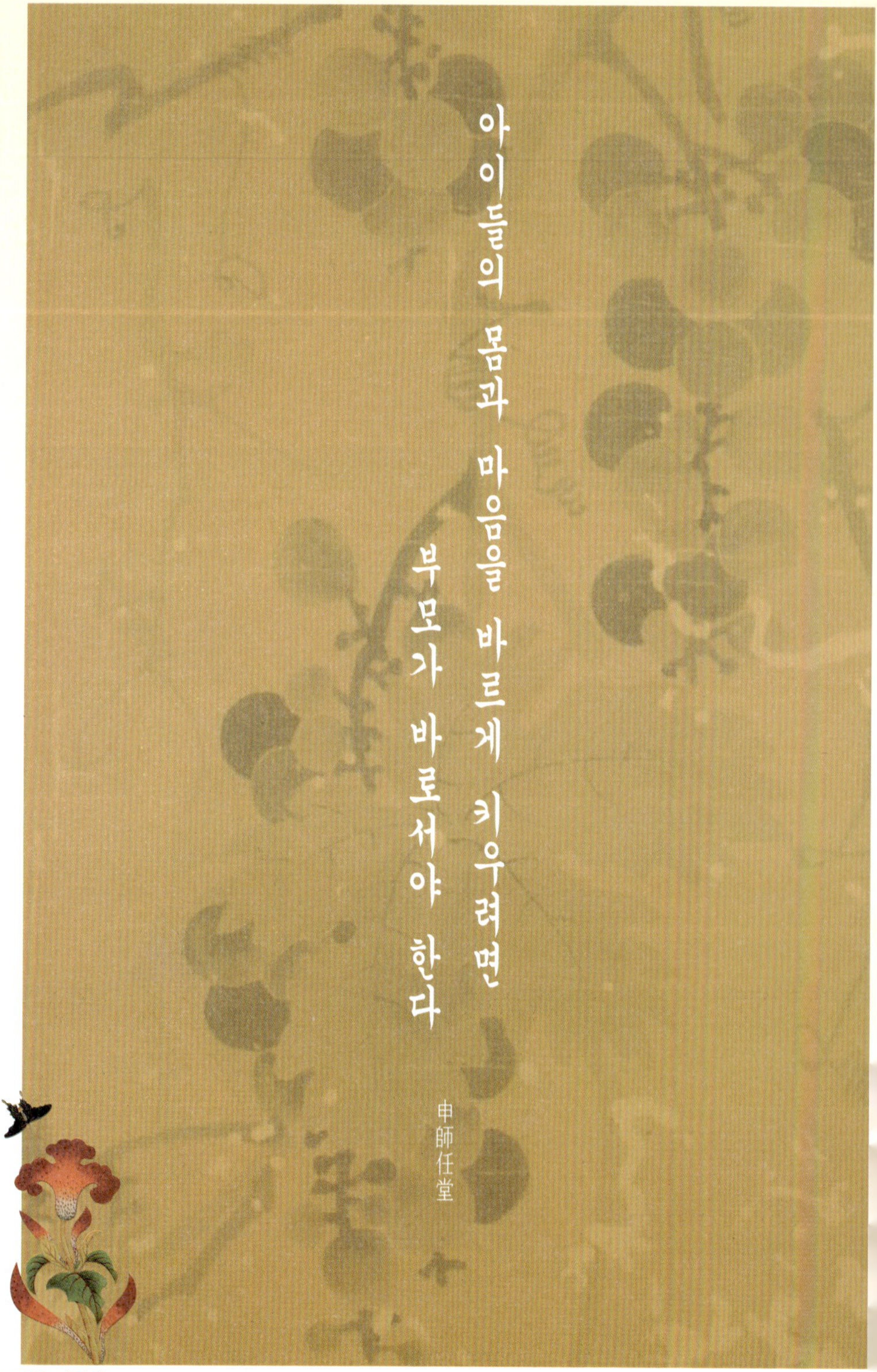

아이들의 몸과 마음을 바르게 키우려면
부모가 바로서야 한다

申師任堂

제7장

세상을 바꾼 모성(母性)

신사임당은 세상을 바꾼 위대한 모성(母性)을 보여주었다.

'어머니'라는 단어는 이 세상에서 가장 고결하고 가장 친근하며 가장 자애롭고 부드러움의 상징이다. 세상의 아들딸들은 어른이 되고 할아버지 할머니가 되어서도 어머니의 깊은 사랑과 따뜻한 정을 못 잊어 그리워하며 추모한다.

더구나 여성들은 결혼하여 남편 집으로 들어가 자녀를 낳고 살림을 전담하면서 어머니가 보여주고 살아왔던 것처럼 여자의 길을 가면서도 자기를 낳아준 어머니를 못내 그리워하면서 일생을 살아간다.

그래서 어머니의 자상한 기억들을 간직하고 살아가면서 위대한 모성을 발휘한다.

위기 때마다 성장기의 어머니를 떠올리며 또다시 힘과 용기를 얻고 위기를 극복해 나간다.

옛날 우리의 어머니들은 억척스럽게 살았다. 자신이 입고 싶은 것을 입지 않았고, 먹고 싶은 것을 마음껏 먹지도 않으면서 자녀들에 입히고 먹였다. 자녀의 성공을 위해서라면 자신의 희생쯤은 대수롭지 않게 여겼다.

그처럼 어머니의 자애로움과 자상함 뒤에는 항상 자녀들이 잘 되기를 기원하고 자녀교육에 대한 확고한 신념과 믿음이 가득 차 있다.

율곡 이이는 조선시대를 대표할 만한 학자이자 스승이며 큰 인물이다. 불과 15세에 진사시험 초시에 1등으로 합격하고 그 후 이어서 9차례나 장원급제를 하였다.

그의 글은 명나라까지 전해져 중국의 학자들의 탄성을 자아내기도 했다. 율곡은 외가에서 태어나 어머니의 교육을 받으며 자랐다.

신사임당은 자신이 스스로 학문을 연마하는 모범과 실천으로 아들을 가르쳤다. 자녀들이 어려서부터 글을 가까이할 수 있도록 아이들 앞에서 글을 읽고 시를 쓰는 모습을 보여주었던 것이다.

■ 과거시험 9도 장원

"과거시험 9번 응시, 모두 장원급제?"

"도대체 무슨 소리를 하는 거야?"

"신사임당의 아들 율곡 이야기야!"

"과연 천재로다!"

신사임당은 천재 소년 율곡을 낳아 훌륭하게 교육시켰다. 율곡이 천재라는 것은 아홉 번 과거시험에 응시하고 한 번도 낙방한 일 없이 모두 모두 합격했는데, 단순한 합격이 아니라 모두 장원급제하였다는 사실로 입증된 것이다.

선비들이 과거시험에 아홉 번 장원한 율곡을 가리켜 '9도 장원공(九度壯元公)'이라 칭송하였다.

조선시대의 과거제도는 소과라는 생진과와 대과라는 문과 그리고 무인을 뽑는 무과와 기술직인 잡과의 네 종류가 있었다.

그당시 과거시험 문과의 경우에는 15세 이상이 응시할 있는 생진사 또는 사마시의 경우에는 초시→복시 그리고 문과의 경우에는 초시→복시→ 전시로 이어졌는데. 문과 전시까지 합격해야만 비로소 과거시험 최종합격의 영광을 따내는 것이었다.

문신 이정구는 《월사집》에서 이렇게 밝혔다.

"율곡은 갑자년(1564)에 사마시와 문과에서 모두 장원 급제하였다. 이에 초시와 복시에서도 모두 장원 급제한 것을 아울러서 사람들이 구도 장원이라 일컬었으며, 곧바로 호조좌랑에 임명되었다.

이이가 생원시의 초시와 복시에 모두 1등으로 뽑히고 문과에서도 또 초시·복시·전시의 세 차례 시험에서도 모두 1등으로 뽑혀 아홉 번이나 시험에서 모두 1등으로 합격하니, 사람들이 그를 9도 장원이라고 불렀다."

율곡 이이(李珥)

1564년(명종 19) 이이는 식년문과에 급제한 후 곧 호조좌랑이 되었다가 예조좌랑으로 전임하여 국가를 위해 일하기 시작하였다. 이때 이이는 왕실의 외척 윤원형이 승려 보우를 궁중에 끌어들여 비행을 서슴지 않자 상소를 올려 보우를 제주도로 귀양을 보내고 윤원형을 관직에서 몰아냈다.

■ 율곡의 일화

율곡이 과거시험을 볼 때의 일화이다.

시험장에서 율곡이 수재라는 소문이 퍼지자 다른 응시생들이 율곡의 답안지를 보고 베껴 쓰기 위해 주변으로 모여들었다. 그러자 율곡이 말했다.

"나보다는 박 아무개가 더 명문장을 작성한다."

그 말에 응시자들이 그쪽으로 몰려가 보고 베껴 쓰기를 하여 모두가 불합격 처리되었다고 역사는 전한다.

율곡은 뒤에 명나라 사신이 조선을 방문할 때 이들을 접대하는 원접사 일을 맡았다. 이때 명나라 사신이 통역관에게 말하기를, "저 원접사는 사림의 기상이 있는데, 혹시 사림의 선비를 데려다가 이 직책을 맡긴 것이 아닌가?" 하였다. 이에 통역관이 대답하기를,

"원접사는 장원으로 급제하여 벼슬이 숭품(崇品)에 오른 사람이고 사림의 선비가 아닙니다." 하니, 명나라 사신이 또 말하기를 "아! 이 사람이 천도책(天道策)을 지은 사람이구나!" 라고 말하면서 감탄하였다.

■ 살아있는 자녀 교육

사임당은 스스로 친정어머니와 남편을 존중하는 모습을 보여 어린 자녀들에게 부모에 대한 효심을 심어주었다. 신사임당은 일찌기 어른의 모범적인 말과 행동이 아이들에게 살아 있는 교육임을 알고 있었다.

"소인이 되지 말고 군자가 되어라!"

신사임당이 아들에게 강조한 말이다. 유교사회였던 그 시절에 군자란 도덕적으로 완성된 인격체를 말한다. 관직에 있을 때는 임금에 대한 곧은 말이나 바른 말을 마다하지 않았고 부정부패도 엄히 다스렸다.

왜구의 침략도 미리 예견하며 10만 양병설을 주장한 일들은 하나같이 어머니 신사임당이 강조한 군자로서 자기완성을 이루고자 노력한 결과였다.

신사임당이 세상을 떠날 때 율곡은 사춘기에 접어든 16세였는데 청소년기에는 주로 어머니로부터 교육을 받았다.

신사임당의 교육철학과 실천이 우리 역사의 대학자인 율곡을 만들어냈다.

교육은 학교에서만 받는 것이 아니라 위대한 모성의 발현인 것이다.

인성교육은 가장에서부터 시작된다. 부모의 사랑과 관심이 자녀를 훌륭하게 키우는 열쇠이자 바로미터인 것이다.

■ 율곡을 향한 사모곡(思慕曲)

율곡이 어른이 되어 벼슬을 하고 관찰사가 된 뒤에 당시 어린 기녀로부터 유혹을 받은 일이 있었다.

율곡이 37세 때 황해도 관찰사로 해주 관영에 있을 때였다. 어느 날 유지라는 예쁜 기녀가 주안상을 들고 들어오는 것이었다.

"어인 일인가? 머리를 땋은 것으로 보아 아직 처녀인가 본데?"

율곡은 의아스럽다는 듯이 물었다.

"그러하옵니다. 평생에 대감나리를 사모하는 소녀이옵니다."

사연은 선비의 딸인데 어린 나이에 부모를 여의고 먹고

살 길이 막막하여 해주 관아의 관기가 되었다는 것이다.

관찰사의 수청을 들라는 사또의 명을 받고 들어왔다는 것이다.

하지만 대학자 율곡은 문득 어머니의 자애로움과 계모의 잔악한 모습이 기녀의 얼굴에 겹쳤다. 율곡은 붓을 들어 글귀를 써 주면서 돌려보냈다.

"어린 새가 날지 못하는 것은 더 준비하여 날기 위해서다."

그로부터 9년이 지난 어느 날, 율곡은 명나라 사신 일행을 마중하는 원접사가 되어 다시 해주로 갔는데, 그때 관기인 유지를 또 만났다.

함박꽃처럼 아름답게 성숙한 유지를 본 율곡은 시 한수를 지어주고 떠났다.

"서쪽바닷가에 아름다운 사람 있으니
맑은 기운이 모여 선녀로 태어났구나!
가을 새벽 맑은 이슬 같은 것이
어쩌다 길섶에서 피어났느냐
그대는 집으로 돌아가지 못 했구나
실로 국향이 애석하도다!"

해가 또 바뀌어 율곡은 황해도 황주에 있는 누이 집을 들렸다가 오는 길에 해주의 조용한 절에서 머무르게 되었다. 그 소문을 들은 유지가 또 찾아와 말했다.

"처음 만났을 때는 미처 피지 못한 몸이라 훔쳐보며 애틋한 정만 나누었지만, 이런저런 약속 다 놓쳤으니 허리의 패옥 풀 날은 언제일까요?" 라며 영혼과 육체가 하나 되는 사랑을 요청했다.

그러나 대학자 율곡은 그 날도 유지를 달래 돌려보냈다. 그런데 율곡이 49세로 세상을 떠나자 관기인 유지는 율곡의 상청을 자기 집에 마련하고 3년상을 치른 뒤 삭발하고 여승이 되었다고 역사는 전한다.

신사임당과 율곡은 학문과 예술뿐만 아니라 사랑에 있어서도 겨레의 큰 스승이었음을 보여 준 것이다.

미인도

조선시대의 여성을 그린 작품으로 율곡 이이를 연모한 유지의 모습을 유추해 볼 수 있다. 혜원 신윤복의 그림이다.

인격을 닦은 뒤라야

글도 좋아지고 그림도 좋아진다

申師任堂

제8장

성리학으로 지혜 밝혀

조선시대에는 봉건적 유교사상이 절대적이었던 분위기의 특성상 여성이 예술 활동을 하기가 거의 불가능했다. 하지만 아버지와 남편의 양해와 지지를 받아 신사임당은 꾸준히 시를 쓰고, 서예를 하고, 그림을 그릴 수 있었다.

신사임당은 조선왕조가 요구하는 유교적 여성상에 만족하지 않고 예술적인 생활을 하면서 스스로 시대를 초월한 독립된 삶을 누려온 여성이었다. 하지만 당시의 역사에서 여성은 대개 희생적인 인물로 묘사되었다.

여성들은 유교적 사회 분위기 때문에 역사로부터 평가절하 되어왔다. 그런 시절에 신사임당은 시, 서예, 그림 등에서 실력을 발휘한 매우 특별한 여성이었지만 남성 중심의 우리 역사에서 신사임당을 대부분 현모양처의 표상으로 기록하고 있다.

신사임당은 아들딸에 차별을 두지 않는 교육관을 가진 아버지 덕분에 어렸을 때부터 천자문을 쉽게 익힌 뒤《명심보감》,《사서오경》등 어려운 학문을 배웠다.

다섯 자매 가운데 유별나게 기억력이 뛰어나서 아버지의 총애를 한 몸에 받은 신사임당은 일단 손에 잡는 것은 모두 자기 것으로 만드는 능력이 뛰어났다.

신사임당은 정숙한 몸가짐으로 자식들을 교육시켰고, 올바른 길을 가도록 내조하면서 7남매를 훌륭히 키웠다.

율곡의 어머니로 널리 알려진 신사임당은 평범한 현모양처 이상으로 시, 서예, 그림, 자수, 옷감 제작은 물론이고 남성 학자들도 어렵다고 여기는 성리학에 뛰어났던 여류 예술가로 이름을 떨쳤다.

또한 시부모와 친정어머니를 잘 모신 효녀효부로 평가받았다. 그래서 "자식에게는 어진 어머니이고 남편에게는 착한 아내"라는 현모양처에 부합하는 여성이었고, 그 대명사가 오늘날까지 이어지고 있다.

■ 변하지 않는 '현모양처'

조선시대의 여성 가운데서는 신사임당이 아니면 현모양처에 어울리는 여성이 없다는 말인지도 모른다. 시대가 바뀐 오늘날까지도 '신사임당은 현모양처'라는 등식이 변하지 않는 것이 이상하다는 말을 한다.

'신사임당은 현모양처'라는 등식은 아들 율곡이 쓴 어머니의 일대기 《선비행장》이 결정적인 역할을 했고, 그로부터 1세기가 지난 뒤 율곡을 떠받든 유학의 보수파 학자 우암 송시열이 '신사임당은 현모양처'라는 등식을 확정 시켰다.

율곡은 조선 중기의 유학자이자 경세가로 중국의 성리학과 구별되는 조선 성리학의 토대를 닦은 인물이다. 건설적이고 실천적인 사상가로 후에 실학사상에 큰 영향을 주면서 우리나라 철학사에 지대한 업적을 남겼다.

17세기 때 송시열은 그런 율곡의 학통을 이어 받은 보수 학자로 유명하였다.

윤리 도덕이 문란해진 조선 후기에 이르러 당시 어머니와 아내의 모범으로 양반 사대부 가문의 여성들에게 훈육시킬 모델이 필요했던 것이다.

그런 시대적 요구에 따라 송시열은 자신이 스승으로 여기는 율곡을 추켜세우는 과정에서 율곡에게는 훌륭한 부모가 있었다는 사실을 강조하고자 했다. 그런데 율곡에게 훌륭한 어머니는 있었는데, 아버지는 그렇지 못했다.

왜냐하면 율곡의 아버지 이원수는 통덕랑이라는 하급 관리를 지낸 인물인데다가 상대적으로 무능력한 인물이라 결국 율곡의 어머니인 신사임당만을 현모양처 성자로 추앙하게 만들었다고 역사는 전한다. 송시열은 신사임당의 시와 글, 서예, 그림 등에 찬사를 보내며 "그가 율곡을 낳으실 만하다"라고 격찬하면서 신사임당을 국가적으로 존경하고, 숭배하는 여성으로 격상시켰다.

송시열(宋時烈)

율곡 이이가 금강산에서 1년간 불교에 귀이한 사실을 두고 후대의 그의 정적들은 그가 학자의 탈을 쓴 중(불교 승려)이라고 비난하였다. 그러나 송시열은 율곡 이이를 두둔하였고, 신사임당을 유교적 현모양처로 받들게 하였다.

■ 심성 다듬어 준 어머니

송시열은 신사임당을 칭송하며 이런 글을 남겼다.

"천지의 기운이 농축된 힘으로 율곡을 잉태하고 낳아서 잘 기르고 교육시켰다.

신령스러운 기운으로 아기를 잉태하였고 태교로서 심성을 다듬어 주고 율곡을 낳아 훌륭하게 키운 어머니다."

송시열은 신사임당을 이렇게 현모양처로 만들었다. 그 뒤 18세기에 들어와서 신사임당은 다시 현모양처 신화의 인물로 굳어졌다는 것이다.

신사임당은 유교적 봉건시대의 제약을 받았으면서도 여성으로서의 자기계발에 열정을 쏟았다. 시문과 그림, 글씨는 따를 사람이 없을 정도로 조선시대 대표적 예술가로서의 생애를 개척하면서 독보적인 지위에 올랐다. 훌륭한 여성, 현모양처의 전형으로 살아온 신사임당은 세상을 떠난 뒤에도 도덕적 정치적 학문적으로 존경을 받은 율곡의 어머니로 높이 추앙되고 있다.

신사임당이 어진 어머니의 현모라는 말에는 동의 하지만 착한 아내인 양처에는 의문을 제기하는 사람들이 있었다. 그런 까닭은 결혼한 여성은 시댁에 들어가 그 집 귀신이 되어야 했던 시절에 신사임당은 친정에 오래 머물면서 그런 사회적 법도를 어겼기 때문이라는 것이다.

신사임당 밀랍

조선의 천재 여류 화가이자 위대한 학자이자 정치가였던 율곡 이이의 어머니로 신사임당은 자녀 교육에도 뛰어나 자녀들도 모두 유명 인사가 되었다.

제9장

고달픈 승리자

신사임당은 38세 때 아들 이이를 데리고 친정에서 한양으로 올라가는 도중에 대관령 고개에 이르러 멀리 내려다보이는 마을을 바라보며 친정어머니에 대한 절절한 마음을 〈유대관령망친정(踰大關嶺望親庭)〉시로 대변하였다.

이 명시는 아들 이이가 쓴 어머니 기록《선비행장》에 실려 있다.

〈사친(思親)〉은 신사임당이 한양에 있으면서도 언제나 친정에 홀로 계신 어머니를 그리워하여 읊은 것으로, 이이가 집안 직계 사람들만 따로 모아 족보로 만든《가승(家乘)》에 기록해 놓았다.

일곱살의 율곡 이이가 파주 율곡리에 있는 화석정에서 시를 읊는 장면.오죽헌 박물관의 미니어처이다.

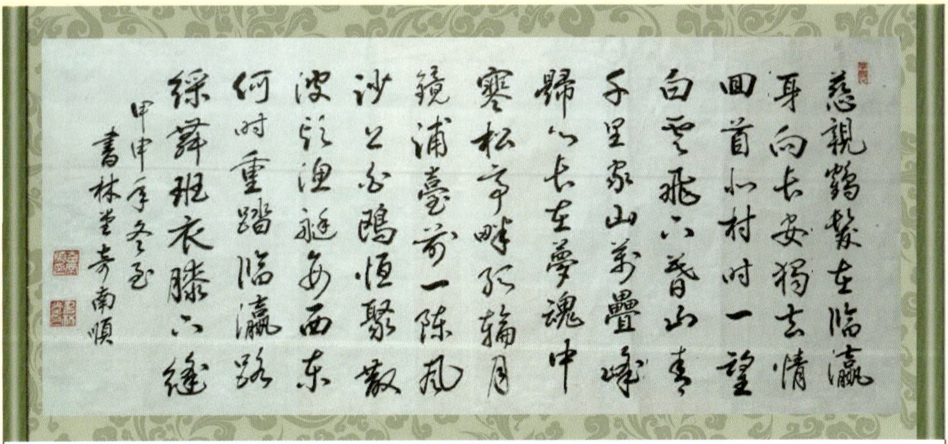

사임당이 친정어머니를 그리워하며 지은 2편의 사친시(思親詩)를 연결하여 쓴 여류서예가 서림당 기남순(1927~현재)의 작품이다.

신사임당의 시

제목 踰大關嶺望親庭(유대관령망친정)

대관령을 넘으며 친정을 바라보다

慈親鶴髮在臨瀛(자친학발재임영)

백발되신 어머님을 강릉 친정에 계신데

身向長安獨去情(신향장안독거정)

홀로 서울로 향해가는 이몸 괴로운 마음

回首北村時一望(회수북촌시일망)

고개 돌려 북쪽 하늘 바라보니

白雲飛下暮山靑(백운비하모산청)

흰구름 저무는 푸른산에 날아내리네

33세인 1537년 사임당이 이이를 데리고 친정에서 한성부로 돌아가는 도중 대관령 고개에 이르러 멀리 내려다 보이는 마을을 바라보며 친정 어머니에 대한 절절한 마음을 시로 담았다.

신사임당의 시

제목 思親(사친)

千里家山萬疊峯(천리가산 만첩봉)
산첩첩 내고향 천리 이건만

歸心長在夢魂中(귀심장재몽혼중)
자나깨나 꿈 속에도 돌아가고파

寒松亭畔孤輪月(한송정반 고륜월)
한송정 앞에는 외로이 뜬달

鏡浦臺前一陣風(경포대전 일진풍)
경포대 앞에는 한줄기 바람

沙上白鷺恒聚散(사상백로 항취산)
갈매기는 모래위에 흩어졌다 모이고

波頭漁艇每西東(파두어정 매서동)
고기배들은 바다 위로 오가는데

何時重踏臨瀛路(하시중답 임영로)
언제나 강릉길 다시 밟아서

綵舞斑衣膝下縫(채무반의슬하봉)
색동옷 입고 앉아 바느질 할꼬

서울로 돌아온 사임당이 자나 깨나 친정 어머니 생각을 하며 지은 시이다.

어머니를 생각하는 딸의 심정과 어머니에 대한 사랑과 효성을 이토록 깊고 간절하게 엮어낸 것이다.

신사임당의 시는 인간 본연의 사랑과 정을 잔잔하고도 고운 필치로 엮어냈다.

이 시 속에 신사임당의 예술성과 순수한 인간애 그리고 인간의 본성이 거짓 없이 그대로 녹아 있다.

친정어머니 생각으로 마음이 편치 못했던 사임당은 38세가 되던 해에 한양에 새 집을 마련하고 시어머니 홍씨와 함께 살았다.

홍씨부인 역시 연로하여 살림을 모두 며느리에게 맡기고 며느리의 보살핌을 받았다.

그러나 신사임당은 오랫동안 친정어머니를 그리워했고, 남편에게 아버지 신명화처럼 자상하고 인자한 태도를 기대하였지만 남편은 그렇지 않았다. 그럴수록 친정어머니에 대한 그리움은 더해갔다.

뿐만 아니라 신사임당은 정치적 감각도 남달랐다. 벼슬을 하지 못한 남편이 세도가인 의정부 영의정인 이기를 찾아다니자 이를 만류하였다고 전해진다.

이기는 남편의 5촌 당숙이자 시아버지와는 사촌간이다. 제13대 임금인 명종 초기에 소윤의 우두머리 윤원형과 결탁하여 을사사화를 일으키고 많은 선비들을 숙청한 인물이었다. 남편은 아내의 간곡한 당부에 따라 학문에 정진하기로 하고 다시 공부에 매달렸다.

그러나 남편 이원수는 3년 만에 학문을 단념하고 말았다. 과거시험에 합격하지 못한 채 지내던 차에 조상의 음덕으로 관직에 나아갔다.

1551년 5월 수운판관으로 재직 중이던 남편 이원수는 세금으로 내는 곡물을 운반하는 임무를 맡고 평안도로 출장을 가게 되었다. 이때 아버지 이원수는 일찍이 벼슬길에 오른 장남 선과, 셋째 아들 이를 데리고 함께 출장길을 떠났다.

■ 여성 재능 무시하던 시절

조선왕조는 유교적인 규범을 내세웠던 시대라 대부분의 여성들은 아무리 뛰어나도 결혼과 함께 모든 재능을 묻어야만 했다.

양반 집안의 부인이 가정 일 대신에 예술적 재능을 펼친다는 것은 거의 불가능한 일이었다. 그래서 조선시대의 뛰어난 여류 예술가들 가운데 소문난 여성들은 거의 기녀들로서 그 솜씨를 드러냈다. 왜냐하면 그들에게는 유명한 선비나 학자, 대감들을 상대로 예술가의 재능을 펴거나 예술적 활동을 펼 수밖에 없었기 때문이었다.

그 대표적인 여성이 황진이와 장녹수였다.

시, 서화, 가창 등에 뛰어났던 황진이는 용모까지 빼어나서 동네 총각이 사모하다가 상사병으로 죽었다는 말을 들을 정도였다. 기녀가 되어 문인 석학들과 교류하다가 당시 살아있는 부처로 유명했던 지족 선사와 스캔들을 일으켜 그를 파계시킨 인물이기도 하다. 황진이는 지족 선사를 파계시킨 뒤에 대학자 서경덕을 유혹하려다가 실패하고 서경덕의 제자로 들어갔던 유명한 기녀였다.

그리고 용모가 빼어나고 노래와 춤에 능숙했던 장녹수는 폭군 연산군의 총애를 한 몸에 받았던 여인이었다. 종3품인 숙용에 오른 장녹수는 연산군의 총애를 바탕으로 재물을 끌어 모으고 연산군이 정치보다는 유흥 놀이판에 마음을 쓰게 하면서 정국을 혼란스럽게 만들었는데 중종반정 때 처형당하고 재산은 몰수되었다.

그러나 이들과 같은 시대에 살았던 신사임당은 이런 사회적 제재로부터 자유로울 수 있었다. 신사임당도 어머니와 마찬가지로, 역시 아들이 없었기 때문에 남편의 동의를 얻어 시집에 들어가지 않고 친정에서 살면서 예술에 정진했다.

신사임당이 예술의 재능을 발휘할 수 있었던 것은 이런 환경이 크게 좌우되었다.

딸의 재능을 키워줄 사윗감을 고르던 아버지 신명화의 노력의 결과이기도 했다. 여러 모로 재능이 출중한 딸을 여느 며느리처럼 시댁으로 보내기 싫었던 친정아버지 신명화는 유독 이원수에게 처가살이를 제안했고, 그도 장인의 제안을 받아들였다.

결혼한 그 해에 반년도 채 안 되어 장인이 갑자기 세상을 떠나자 이원수는 어쩔 수 없이 아내를 처가에 머물게 하면서 강릉과 한양을 오가는 생활을 하게 되었다.

남편 이원수는 유교사회에서 전형적인 남성 중심이고 남

성이 여성보다 앞서는 우위의 허세를 부리는 그런 남편이 아니었다. 그는 처음에는 아내의 자질을 인정해 주고 아내의 말에 귀를 기울이는 도량이 넓은 사람이었다.

■ 늘 배우는 자세로 일관

사임당이 결혼 후에도 친정에서 오래 동안 생활을 할 수 있었던 것은 남편과 시어머니의 넓은 도량 때문이라고 할 수 있다. 남편은 아내와의 대화에서도 인색하지 않아 대화에서 늘 배울 것은 배우고 받아들일 것은 받아들였다. 그러나 아무리 도량이 넓고 너그러운 남자라 해도 역시 부인과 떨어져서 생활하는 데에 따른 불편함이 많을 수밖에 없었다.

그런 심정적인 변화는 남편이 아내인 신사임당으로부터 마음이 멀어지는 배경이 되었다. 그래서 신사임당은 남편에게 순종하는 것을 미덕으로 여기던 성리학적 부덕과는 다소 거리가 있었다는 평을 받았다. 그런 연유는 남편 곁에서 여필종부를 하지 못하고 친정에 너무 오래 머물러 지낸 탓이기도 하였다.

서울 사직공원내에 있는 신사임당 동상.

신사임당은 남편에게 과거시험을 보도록 권장하면서 합격할 때까지 적어도 10년간 별거를 약속하고 좋은 명산을 알아내 남편을 보냈다.

그런 다음에도 강릉에 홀로 있는 친정어머니를 걱정하는 신사임당의 마음은 어머니를 모셔야 한다는 생각에 변함이 없었다. 33세 때 셋째 아이를 출산하기 위해 한양에서 고향 강릉으로 내려갔다. 이때 태어난 아이가 대학자 율곡이다.

그러나 남편은 과거시험을 준비하기 위해 아내가 일러준 명산으로 들어갔지만 곧 아내가 보고 싶어 다시 되돌아왔다. 그러자 신사임당은 결단력 없고 의지가 약한 남편에게 크게 실망을 했다.

남편의 태도가 마음에 들지 않았던 신사임당은 남편에게 제대로 공부하여 과거시험에 들기를 다시 권유하였다.

그러나 남편의 태도가 분명하지 못하자 신사임당은 그렇다면 나도 할 수 없다면서 강경한 태도를 보였다.

신사임당은 그런 남편 앞에서 가위로 자신의 머리카락을 자르는 시늉을 보이며 절로 들어가 비구니 스님이 되겠다고 밝힌 것도 그런 연유였다.

제4부

세상을 일깨운 여성

영원한 현모양처

제1장

효열행(孝烈行) 귀감

신사임당이 오늘날까지도 훌륭한 여류 예술가이자 영원한 현모양처의 표상으로 추앙을 받게 된 데에는 어머니 용인이씨의 가르침이 절대적인 영향을 끼쳤다.

외할아버지는 생원으로 벼슬을 하지 않은 이사온이다. 이사온이 당시 강릉 출신의 이조참판을 지낸 최응현의 딸 최씨와 결혼하여 얻은 무남독녀가 바로 용인 이씨부인인데, 신명화와 결혼하여 딸 다섯을 낳았다.

이씨부인은 아버지로부터 학문과 예절, 그리고 《삼강행실》등을 배우며 자랐다. 비교적 유복한 환경에서 태어나 자란 이씨부인의 성품은 천성이 곱고 깨끗하고 행동이 침착했다. 그 천성으로 딸 신사임당을 훌륭한 여류 예술가이자 영원한 현모양처로 길러낸 것이다.

율곡은 《이씨 감천기》에서 외할머니 용인 이씨부인에 대해 이렇게 기록했다.

"말씀은 서툴어도 행동에는 민활했으며 모든 것을 신중히 하되 착한 일에는 과단성이 있었다."

이씨부인의 효행은 남다른 데가 있었는데 남편에 대한 정성 또한 아무도 따르지 못할 정도였다고 한다.

이씨부인이 42세 되던 해에 친정어머니 최씨가 세상을 떠나자 서울에 있던 사위 신명화가 장모의 장례를 모시기 위해 급히 강릉으로 내려가다가 병을 얻어 사경을 헤매게 되었다.

■ 간절한 7일 기도

이씨부인은 온갖 정성을 다해 남편의 간병을 했으나 효험이 없자 목욕재계하고 7일 밤을 외증조부 최치운의 무덤 앞 제단에 향을 피워놓고 엎드려 간절히 기도하였다.

"하늘님, 하늘님! 비나이다! 착한 이에게 복을 주고 악한 자에게 화를 내리심은 하늘의 이치옵니다. 선행을 쌓고 악행을 거듭하는 것은 사람의 일이옵니다.

제 남편은 지조를 지켜왔고 사악한 행동이 없었으며 모든 행실에 흉악한 점은 하나도 없었사옵니다.

제 남편은 아버지를 여의였을 때 무덤 곁에 묘막을 치고 3년을 머물면서 나물만 먹고 효성을 다했습니다. 하늘이 만약 이런 일을 아신다면 응당 모든 선악을 살피실 일인데 어찌하여 이 같은 화를 내리십니까?

이제 막 어머니를 여의었는데 또 이같이 남편의 병조차 위독하오니 외로운 이 몸이 장차 어디에 의탁하오리까? 원하옵건대 하늘과 사람이 한 이치이라 조금도 틈이 없사오니 이 사정을 굽어 살피소서. 저의 정성이 모자라 이지경이 되었습니까?

몸이나 머리카락 하나까지도 모두가 부모에게서 받은 것이라 감히 훼상하지 못 한다 하오나 저의 하늘은 남편인데 하늘로 삼는 이가 무너진다면 어찌 홀로 산다 하오리까?

원하옵건대 제 몸으로써 남편의 목숨을 대신하고자 하오니 하늘님이시여! 저의 정성을 굽어 살피소서! 외증조부님은 살아생전에 어진 신하이셨고 죽어서는 맑은 영혼이 되시었으니 하늘님께 아뢰시어 저의 정성을 통달하게 해 주옵소서."

■ 열녀각 세워

신사임당의 어머니 용인 이씨부인의 효행과 열행은 이처럼 지극하여 남편 신명화의 병환이 씻은 듯이 나았다고 하여 이 갸륵한 사연이 조정에 알려졌다.

훗날 이씨부인이 49세가 되던 해인 중종 23년(1528)에 나라에서 "부인의 그 효열행(孝烈行)을 널리 전하여 귀감이 되도록 하라"며 열녀의 정각을 세워 주었다. 율곡은 외할머니 이씨부인이 세상을 떠나자 제문을 지어 올렸다.

"어버이 못 모신 슬픔을 안고 오직 한 분 할머니를 받들었는데 자나 깨나 가슴속에 계시옵더니 이제 또 나를 버리십니까?"

이토록 애통해 한 것을 보면 율곡에게도 얼마나 커다란 영향을 끼쳤는가를 알 수 있다.

신사임당은 아들이 없는 친정어머니 이씨부인의 안타까운 사정에 따라 어머니 곁에서 생활하였다.

그래서 한양에 주로 머물던 아버지 신명화와는 오래도록 떨어져 살았으므로 아버지보다는 어머니 이씨를 비롯한 외가의 훈육이 신사임당에게 크게 영향을 끼쳤다.

열녀각(烈女閣)
열녀의 행적을 기리기 위하여 세운 누각.

공부도 중요하지만
착한 품성을 갖게 하는 일이 먼저다

申師任堂

제2장

꿈꾸며 살아온 세월

신사임당 부부는 결혼 초기에 강릉에서 잠깐 동안 같이 살았을 뿐 오래 세월을 떨어져서 별거하는 삶을 이어갔다. 그것은 부부의 정이 없어서 그랬던 것이 아니라 신사임당이 강릉에서 홀어머니를 모셔야 했기 때문이었다.

남편 이원수는 한양에서 생활하고 아내 신사임당은 강릉에서 지냈다. 직장 때문에 그런 것이 아니라 신사임당이 홀어머니의 병간호 때문에 어쩔 수 없이 떨어져서 살아야했던 것이다.

현대 산업화 시대에서는 신혼 초의 부부들이 직장 때문에 떨어져 살면서 근무하지 않는 주말마다 만나 산다하여 '주말부부'라는 말이 유행되었지만, 조선시대를 살아온 신사임당 부부는 그런 경우가 아니었다.

그러나 아무리 아내를 사랑하는 남편 이원수였다지만 결혼 이후에 아내와 오래 동안 떨어져 사는 처지가 된 신랑에게는 적적하고 외롭기가 말할 수 없는 참으로 기막힌 삶이 아닐 수 없었을 것이다.

남편 이원수나 아내 사임당은 천리 밖에서 떨어져 사는 날이 많았던 탓에 부부 관계가 원만하지 않았다.

신사임당이 한양으로 올라와 살면서도 강릉의 홀어머니를 그리워하다가 다시 강릉으로 내려갔다.

더구나 요즘처럼 교통이 발달하여 금세 달려가는 시대도 아닌 당시에 남편은 한양과 강릉 천리 길을 오가면서도 채워지지 않는 마음 한 구석을 채워 줄 사람 즉 자신을 인정해 줄 수 있는 여인을 원했는지 모를 일이다.

대관령

당시에 가장 높다는 대관령이 강릉으로 통하는 고개였기에 교통이 매우 불편하였다. 김홍도의 작품이다.

■ 권씨 부인과 동거

이럴 즈음 신사임당과 떨어져 살고 있는 남편 이원수 앞에 나타난 여인이 바로 주막 술집 권씨 부인이었다. 혼자 적적했던 남편이 바람을 피운 것이다.

권 여인은 신사임당과는 정반대의 여성이었다. 그야말로 제멋대로 행동하는 방탕한 여인이었지만 그런데도 외롭고 쓸쓸하던 남편은 권 여인에게 빠져들었다.

결국 강릉에 머물러 있던 신사임당은 뒤늦게 그 사실을 알고 말았는데 신사임당은 이로 인해 뜻하지 않은 시련과 정신적 고통을 겪게 되었다.

믿었던 남편이 바람을 피우는 청천벽력과도 같은 사실 앞에서 망연자실했다. 하지만 엎어진 일을 되돌릴 수 없었다.

남편과 권 여인의 관계를 알게 된 신사임당은 남편에게 권 여인을 집에는 들이지 말 것을 간곡하게 부탁하였다.

신사임당은 아버지 신명화가 비록 어머니를 강릉에 두고 한양과 강릉을 오가는 생활을 했지만, 주변에 바람피는 대상의 여인이 있다는 소문을 듣지 못하였고, 외할아버지도 역시 마찬가지로 그런 일 없이 평생을 살았다.

때문에 남편의 외도는 신사임당에게 예기치 못했던 엄청난 사건이었다. 여기서 신사임당과 이원수의 신혼 초를 되돌아볼 필요가 있다.

■ 기구한 운명

신사임당은 한국 여인 가운데 대표적인 현모양처로 추앙을 받는 인물임에도 불구하고 조선시대 유교 사상의 현모양처와는 거리가 멀다는 비판을 하는 사람들이 있다.

그런 이유는 신사임당이 살았던 시대가 1500년 초부터 1550년대까지로 남존여비 사상이 매우 뿌리 깊었던 때였기 때문이다.

신사임당이 결혼을 무렵 당시 조선 왕실과 사대부들이 앞장서서 혼인 방식을 중국식 결혼방식으로 바꾸려고 하였다. 그러자 오랜 전통을 유지해온 조선의 혼인 풍습과 다르다 하여 갈등을 빚었다.

그때 조선의 결혼 풍습은 신부의 집에서 결혼식을 올린 뒤 신랑이 상당 기간 동안 처가에 머물러 사는 것이 전통 혼례 풍습이었다.

그러나 왕실과 사대부들은 결혼식을 마친 뒤 신랑이 신부 부모에게 인사를 올리고 바로 신부와 함께 본가로 돌아오게 하자는 것이었다.

그런 흐름 속에서 결혼식을 올린 신사임당과 친정 부모들은 기존의 전통 혼례 방식을 따랐다.

결혼 초에 신사임당은 남편 이원수가 학문에는 별로 뜻을 두지 않는 것 같아 보였다.

어느 날 남편과 마주 앉아 서로 앞날을 설계하는 이야기를 나누었다. 그런데 남편에게는 어떤 비전이 보이지 않았다. 그래서 신사임당은 학업을 닦아 과거에 합격한 뒤에 만나지고 말했다.

"그 기간이 언제일까?"

남편은 퉁명스럽게 말했다.

"5년이든 10년이든 기다겠어요!"

신사임당의 의지는 확고했다. 그리하여 이원수는 신부를 처가에 두고 한양을 향해 길을 떠나게 되었다. 빠른 세월 안에 크게 성공해서 돌아오라는 아내의 강력한 권고의 말을 들으며 처가를 떠나 대관령 고개 길로 접어들었다.

■ 과거시험 준비보다 아내 그리워

이원수는 오죽헌에서 약 30리쯤 떨어져 있는 성산에 도착해서 잠시 쉬면서 생각했다. 의지가 약한 이원수는 본인의 능력을 감안할 때 과거에 합격한다는 것 자체가 꿈만 같다는 생각이 들었다. 오히려 과거 준비보다는 아내가 더 그리워졌다.

뿐만아니라 그냥 가다가는 대관령 깊은 골짜기에서 날이 저물어 호랑이 밥이 될 것만 같아 다시 처가로 되돌아갔다.

둘째 날은 대관령 가마골까지 40리 길을 갔다가 다시 처가로 되돌아왔다. 3일째 되는 날은 대관령 반쟁이까지 갔다가 역시 돌아오고 말았다.

그러자 신사임당은 남편에게 너무나 큰 실망을 느낀 나머지 "대장부가 한 번 뜻을 세우고 10년을 작정하고 학업을 닦으러 길을 떠났다면 지켜야 하지 않겠습니까? 이같이 사흘을 거듭해서 되돌아오니 장차 무슨 인물이 되려고 그러십니까?"

남편의 대답은 뜻밖이었다.

"학업도 학업이지만 나는 도저히 당신을 떠나서 언제 될지도 모르는 긴 세월을 따로 있을 수가 없소. 한 시각도 떨어질 수가 없으니 어찌 하겠는가!"

그 말에 신사임당은 바느질그릇에서 가위를 꺼내 들며 심각한 목소리로 말했다.

"만일 그렇게 나약하고, 무능력한 남자로 그친다면, 나는 세상에 희망이 없는 몸이라 어찌 부부로서 함께 살기를 바라겠습니까? 차라리 머리를 자르고 여승이 되어 속세와 인연을 끊겠습니다!"

신부 신사임당이 과거시험 공부를 하지 않는다면 머리카락을 잘라버리고 중이 되겠다고 말한 것은 일종의 협박이었다. 이 말 한마디에 이원수는 하룻밤을 더 보낸 뒤 아내와 작별하고, 한양으로 올라와 열심히 공부하였다고 한다.

그 뒤 한양에서 과거시험 준비를 하느라고 덧 없는 몇 해가 흘러갔다.

"과거고 뭐고 다 집어 치우자!"

이원수는 타고 난 그릇이 작아서 그랬는지 학문의 뜻을 이루지 못하고 과거시험을 도중에 포기하고 말았다.

의욕을 잃은 신랑은 신사임당 대신에 다른 여인에게 마음이 쏠렸던 것이다.

얼마 뒤에 신부 신사임당이 남편의 바람기를 눈치 챘지만 남편은 그 여인에게 이미 깊이 빠져든 뒤였다.

그러자 신사임당은 건강이 더욱 나빠졌다. 어느 날 신사임당은 죽음을 예감하고 내가 죽더라도 새장가를 가지 말라고 남편에게 요청했다.

그러자 반발심 때문인지 남편은 공자, 증자, 주자도 새장가를 들었다고 반박했다.

하지만 사임당은 하나하나 논리적인 근거를 대면서 자신이 죽은 뒤에 재혼하지 말 것을 거듭 남편에게 강하게 주장하였다.

■ 부부간의 대화

이때 신사임당이 남편과 나눈 이 대화 내용은 조선 후기 문신 정래주가 엮은 《동계만록》에 적혀 있다.

신사임당 : "내가 죽은 뒤에 당신은 다시 장가를 들지 마십시오. 우리에게 이미 7남매 (4남3녀) 의 자녀가 있는데, 다른 자식을 더 두어 무엇 하겠습니까?"

이원수 : "그럼 공자가 아내를 내보낸 것은 무슨 예법에 따른 것인가?"

신사임당 : "공자가 노나라 소공 때 난리를 만나 제나라 이계라는 곳으로 피난을 갔는데, 그 부인이 따라가지 않고 바로 송나라로 갔기 때문이오. 그러나 공자가 그 부인과 다시 살지 않았을 뿐 아내를 버렸다는 기록은 없습니다."

이원수 : "공자가 아내를 내친 기록이 없다고? 그러면 증자가 부인을 내쫓은 것은 무슨 까닭인가?"

신사임당 : "증자의 부인이 부모를 봉양하는 도리에 어긋남이 있었기 때문이지요. 증자도 한 번 혼인한 예의를 존중하여 다시 새 장가를 들지는 아니한 것

입니다."

이원수 : "주자의 집안 예법에는 이와 같은 일이 있지 않는가?"

신사임당 : "주자가 47세 때 부인 우씨가 죽고 맏아들 숙은 아직 장가를 들지 않아 살림할 사람이 없었지만 다시 장가를 들지는 않았습니다."

이에 남편 이원수는 불편한 기색을 감추지 못했다.

신사임당은 죽기 직전 남편에게 유교 경전을 인용하여 자신이 죽은 뒤에 재혼하지 말 것을 부탁하였던 것이다.

1551년 초여름 신사임당은 병이 심해져 사경을 헤매다가 5월 17일 심장질환으로 세상을 떠났다. 그녀의 나이 향년 48세였다. 그 때 장남 선은 28살, 큰딸 매창은 23살, 셋째아들 율곡은 16살, 넷째아들 우는 겨우 10살이었다.

남편 이원수는 아내가 세상을 떠난 뒤에 신사임당의 유언에도 불구하고 권 여인을 집으로 들여 함께 살았다. 그런 일로 이원수는 아들딸들과 심한 갈등을 일으켰다.

어린 자녀들은 계모인 권씨 부인에게서 수난을 겪어야 했다. 온후하고 자상한 어머니였던 신사임당과는 달리 권씨 부인은 주막집 여인답게 술을 무척 좋아해서 이른 아침부터 술을 몇 잔씩 마셨고, 조금만 비위에 거슬리는 일이 있으면 화풀이부터 쏟아냈다.

자녀들이 당하는 고통은 이루 말이 아니었다.

●신사임당 무덤에서 시묘살이를 하고 있는 율곡 이이.
오죽헌 박물관의 미니어처이다.

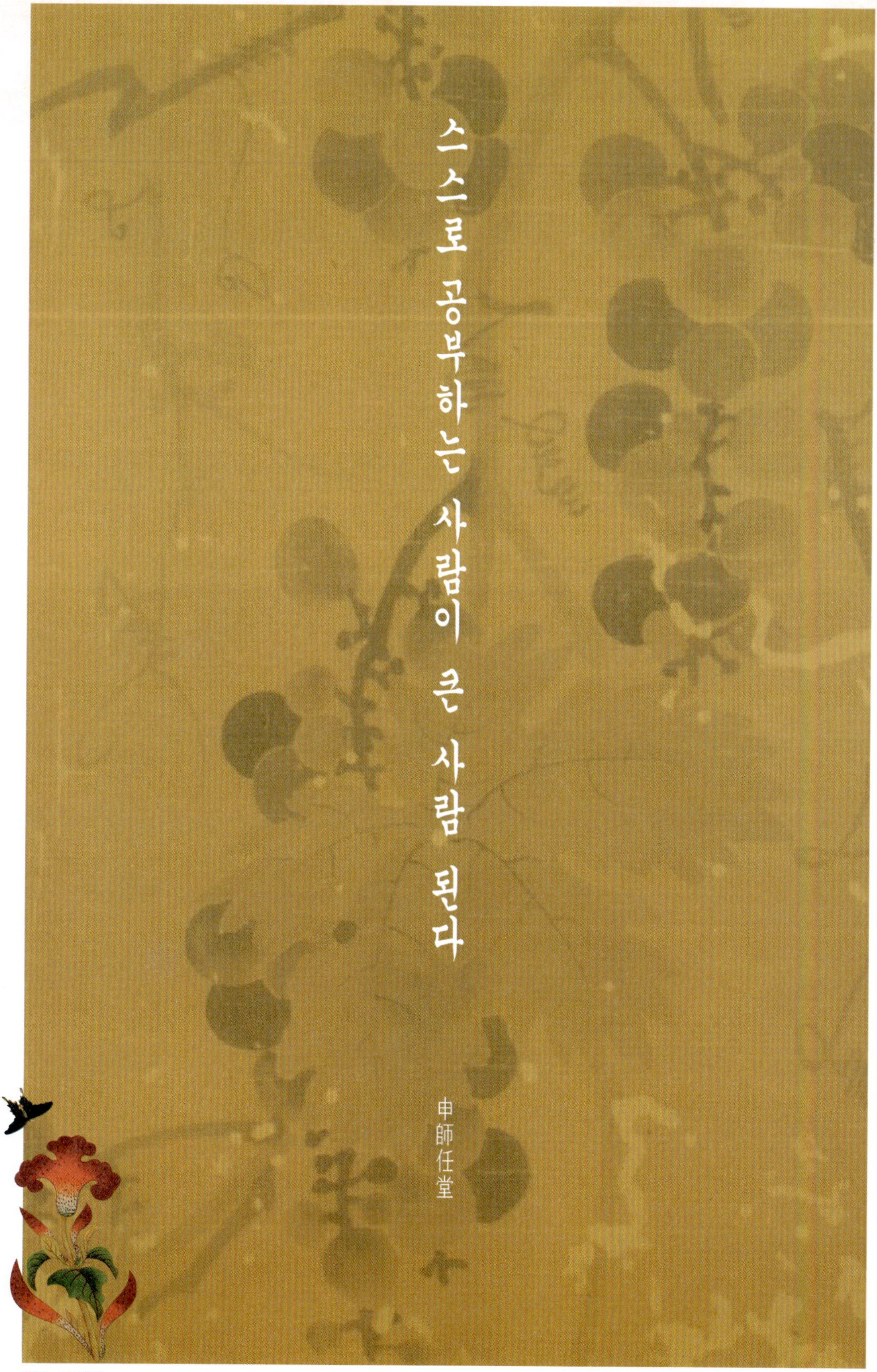

스스로 공부하는 사람이 큰 사람 된다

申師任堂

제3장

가정생활의 명암

율곡의 어머니이자 현모양처로 유명한 신사임당은 경제적으로 가정생활은 어떻게 꾸려갔을까?

신사임당은 조선시대의 대표적인 여성으로써 한국 여성의 표본이며 뛰어난 예술적 자질을 보인 여류 화가였다.

능력 있는 아내를 두고 똑똑한 자식을 거느린 신사임당의 남편 이원수는 과연 행복했을까? 현모양처의 남편으로서는 마땅히 행복한 가정생활을 했어야 옳다.

그러나 안타깝게도 그렇지 못했던 것으로 기록되어 있다. 결혼 초부터 아내와 떨어져 살아야 했기 때문이다. 아이들도 외가에서 어머니와 주로 지냈다.

강릉과 한양, 천리 밖에서 떨어져 살아야 하는 말하자면 생이별 같은 가정생활이었다.

신사임당의 가정생활의 명암(明暗)은 밝지 않고 어둠의 그림자가 짙게 드리웠다.

그런 연유로 현모양처의 가정생활은 밝은 빛보다는 어두운 그림자가 짙었던 것으로 보인다.

실제로 결혼한 뒤에 아내가 집 안에 없는 가정에서 그 남편은 가정에 충실하지 못하고 집에도 제때에 잘 안 들어가게 마련이다. 왜냐하면 집에서 기다려 주는 사람이 없기 때문이다.

신사임당과 이원수의 부부관계는 원만하지 못했던 것으로 보인다. 그런 관점은 이원수가 아내 신사임당 대신에 다른 여인과 동거를 했다는 점이다.

이원수의 다른 여인은 신사임당과는 정반대의 성격을 지닌 주막집 권 여인이었다.

그런데도 이원수는 신사임당 보다는 주막집 권 여인을 더 좋아했던 것 같다.

그것은 신사임당이 지적이고 능력 있는 여인임에는 틀림없지만, 남편 입장에서 볼 때 필요로 하는 부인의 사랑과 따뜻한 면을 신사임당으로부터는 느끼지 못했음을 드러내는 것이다.

■ 남편의 새 여자

그렇다면 남편 이원수는 새 여자 권 여인에게서 위안을 받았다는 것일까?

문제의 새 여자 권 여인은 신사임당의 재능이나 지적인 수준과는 비교 자체가 안 되는 여인이다. 하지만 신사임당에게서 채울 수 없는 그 무엇이 있었기 때문에 성격적인 면이나, 행실에 문제가 있고 더구나 신사임당이 재혼하지 말라는 유언을 미리 했음에도 불구하고 이원수가 아끼고 결국에는 신사임당이 세상을 뜨자 곧 재혼한 것이 아닐까?

본래 신사임당은 가난하고 미천한 집안의 여자가 아니었다. 당시 고단하고 힘든 삶을 살아야 했던 여느 여성들과는 달리, 태어날 때부터 행복한 인생을 살아갈 수 있는 조건을 어느 정도 지닌 집안의 딸이다.

집안 어른들 가운데 높은 벼슬을 누린 사람이 적지 않은 명문 가문이었으며 누구보다도 신사임당을 아끼고 사랑했던 아버지 신명화는 별다른 벼슬 없이 진사에 머물렀던 인물이지만 딸 신사임당의 적극적인 후원자였다.

아버지가 둘째딸 신사임당의 성품과 자질을 아껴서 그 어느 딸보다도 신사임당을 사랑했기에, 신사임당이 자신의 예술가적 재능을 펼칠 수 있었다.

신사임당의 배필을 고를 때도 가장 먼저 생각한 것도 가문이나 재력이 아니라, 딸의 학문과 예술 활동을 키워 줄 수 있는 상대를 꼽았다.

그 시절 지체 높은 권문세가의 아들을 사위로 골랐다면 신사임당의 예술적 자질은 그대로 그늘에 묻혀버렸을 지도 모른다.

왜냐하면 새 며느리에게 시를 짓고 서예를 하며 그림을 그리도록 허용하는 시댁을 기대하는 것 자체가 불가능했던 시절이었기 때문이다.

반대로 집안이 너무 볼품이 없거나 가난한 경우에는 살림살이에 바빠서 그림을 그릴 수 없을 것이라는 점도 신사임당의 아버지는 계산했던 것이다. 그렇게 하여 선택한 사위가 바로이원수였다.

그런데 그가 신사임당이 살아있는데도 다른 여인을 첩으로 삼았고, 드디어는 그 여인과 재혼을 해서 집안에 들어 앉혀 자녀들과 갈등을 일으키게 만들었다.

신사임당의 아버지 신명화는 매우 특이한 성품의 소유자였던 것 같다. 신사임당이 아무리 총명하고 훌륭한 예술적 재능을 가지고 있었다고 한들, 이처럼 탁 트인 안목으로 지성을 기울여 지원하는 아버지가 없었다면 그 자질을 꽃피워내지 못했을 것이 아닌가?

신사임당이 남다른 지혜와 덕망을 겸비한 총명하고 인자한 어머니와 현명한 아내로서 존경을 받을 수 있었던 배경에는 어머니 용인 이씨의 보살핌과 아버지의 적극적인 배려로 타고난 소질을 키워 나아갈 수 있었던 것이다.

그러나 안타깝게도 신사임당이 결혼한 뒤 몇 달 만에 그런 열성적 후원자인 아버지가 갑자기 병을 얻어 나약한 몸을 회복하지 못하고 세상을 떠난 것이다. 그때 아버지 신명화는 48세의 나이였다.

신사임당의 결혼 생활도 처음에는 비교적 순탄한 듯 보였다. 선, 번, 이, 우, 준 등의 아들들을 차례로 낳았고, 신사임당을 빼닮은 큰딸 매창과 둘째딸 이씨도 태어났다.

시어머니를 모시고 남편과 일곱 남매를 키우면서 글공부와 그림 활동을 병행하여 나갔다.

하지만 신사임당은 하늘처럼 믿었던 남편이 바람을 피움으로 인해 뜻하지 않은 시련과 정신적 고통을 당하게 되었다.

때문에 남편의 외도는 신사임당에게 예기치 못했던 청천벽력과 같은 사건이었다. 더구나 현모양처의 표상인 동시에 뛰어난 재능을 지니고 있던 신사임당의 남편이 다른 여인과 딴 살림을 차렸으니, 신사임당의 자존심은 구겨질 대로 구겨졌을 것이다.

일반적으로 부부는 일심동체요, 부창부수라고 이른다. 부부는 손발이 맞아야 상호 존중하며 행복한 가정을 이룰 수 있다. 아내와 떨어져 생활한 남편 이원수는 신사임당으로부터 채울 수 없는 마음 한구석을 채워 줄 여인을 찾을 수밖에 없었는지 모른다.

어쨌거나 신사임당과 이원수 부부는 세상 사람들이 생각하는 것만큼 행복하고 완벽한 결혼 생활은 누리지 못했던 것 같다.

■ '패악한 계모' 만나

아내 신사임당과는 달리 학문에 별 뜻이 없었던 남편 이원수는 나이 50줄에 들어서면서 수운판관 벼슬을 얻었다. 이 벼슬은 조세로 거둬들이는 곡식을 운반하는 선박을 관리하는 정5품의 낮은 벼슬이다.

1551년 여름 남편이 수운판관으로 두 아들을 데리고 평안도에 출장을 갔다. 그 때 신사임당은 남편에게서 당한 배신과 서운한 충격으로 자식들 곁에 오래 머물지 못하고 젊은 나이에 홀로 세상을 떠났다.

어머니가 세상을 떠난 뒤 어머니를 필요로 하는 신사임당의 자녀들은 계모 권씨부인 밑에서 수난을 겪어야 했다. 자녀들이 당하는 고통은 말이 아니었다.

이원수의 첩으로 있다가 아내가 된 권 여인은 정실부인이었던 신사임당에 대해 심한 열등의식을 갖고 있었는지 모른다. 그런 까닭에 계모가 된 뒤에 평소에 갖고 있던 감정을 고스란히 율곡 형제에게 쏟아 부어 단 하루도 편할 날이 없었던 것이다.

특히 율곡의 맏형인 선이 계모 권 여인과 원수지간에 가까울 정도로 사이가 나빠 이를 중재하느라고 무척 마음고생도 했다. 참다못한 율곡은 가출하여 금강산으로 들어갔으니 그 때의 상황을 충분히 짐작할 수 있다.

이에 대한 상황이《명종실록》에 다음과 같이 짤막하게 나와 있다.

"계모가 패악함이 심해 조금이라도 뜻대로 되지 않으면 목매어서 죽으려고 하여 사람들이 달려가 구하여 그치도록 하였다. 또한 계모와 맏형의 관계가 특히 좋지 않아 율곡이 두 사람의 관계를 말리고 사리로 간하기를 힘껏 하였으나 끝내 되지 않자 마침내 아버지에게 그 일을 울며 아뢰었다.

어느 날에는 책을 넣어두는 상자를 닫고 길을 떠났다. 그 속에는 아버지와 형, 그리고 계모 앞으로 된 세 통의 편지가 들어 있었다. 그 편지의 끝에는 다음과 같은 내용이 적혀 있었다.

끝내 화합하지 못한다면 차라리 죽어 아무 것도 모르는 것이 낫습니다."

이러한 기록을 통해 율곡이 얼마나 마음고생이 심하였는

지 짐작할 수 있다.

항상 화목하여 자애가 흘러넘치던 집안에 신사임당이 죽자 뜻하지 않았던 불화가 싹트기 시작한 것이다.

율곡 이이와 금강산

신사임당은 자신의 죽음을 앞두고 남편 이원수에게 일곱 자녀들을 두고 재혼하지 말 것을 요청하였다. 그러나 이원수는 이미 정을 준 여인이 있었고 신사임당이 운명하자 그 여인과 재혼하였다. 신사임당의 염려대로 계모와 사이에 갈등이 잦았는데 율곡 이이는 금강산에 들어가 속세를 벗어나려 했다.

부모 봉양과 제사에는
모자람이 없게 하는 것이
왕도의 시작이다

申師任堂

제4장

난세의 여인들 틈에서

아마도 신사임당이 강릉 친정이 아니라 서울 수진동 시댁에서 생활하였다면 그 시대를 주름잡던 여성들과 어울릴 수밖에 없었을 지도 모른다. 그런 추측은 당시 백수인 남편이 좌의정 우의정으로 있는 두 당숙에게 벼슬자리를 얻으려고 줄을 대고, 남편 뒤에서 신사임당이 조종했을 것이라는 가설 때문이다.

'불행 중 다행'이라고 했던가? 신사임당은 남편이 시당숙댁을 드나드는 것을 알고 애초부터 차단시켰고, 강릉으로 귀향해서 친정에 머물러 있었기에 뒷날의 화를 당하지 않았다. 그 시대는 참으로 한치 앞을 예측할 수 없는 난세였다.

중종과 장경왕후의 큰아들 인종이 세자로 있을 때 중종의 두 번째 왕비가 된 문정왕후는 중종의 첫 번째 왕비 장경왕후와 그 가족들조차 보기 싫어했다.

그런 연유로 윤임과 그의 세 아들까지를 모두 사약을 내렸던 것이다. 중종의 두 부인 사이에서 벌어진 질투가 끔찍한 피를 부르는 결과를 가져왔다.

문정왕후 윤씨는 신사임당보다 3살 위로 제11대 임금 중종의 두 번째 왕비이다. 장경왕후가 서거하여 중종 11년에 왕비로 간택 책봉되었다. 1543년 대비가 되고, 1545년 아들 경원대군이 12세의 어린 나이로 즉위하여 명종이 되자, 그때부터 섭정을 시작하면서 막강한 권력을 행사하였다.

임금의 고유 권한인 인사문제까지 개입하고 아들 명종을 허수아비로 만들었다. 그로부터 1553년까지 8년간 수렴청정을 한 여성이다.

문정왕후가 수렴청정을 하면서 조선왕조 대궐은 여인 천하로 바뀌었다.

수렴청정 기간 중에 친정 오빠인 윤원로와 남동생인 윤원형 등을 기용하고, 승려 보우를 중용하여 불교 중흥책을 펼치면서 승과를 부활시켰다. 동생 윤원형에게 전권을 주어 대임파의 우두머리이자 장경왕후의 오빠인 윤임 일파를 제거

하는 을사사화를 일으켜 윤임을 죽이고, 자기의 친오빠 윤원로마저 귀양을 보냈다.

문정왕후는 성질이 표독하고 질투심이 심했다고 전해진다. 승려 보우를 총애하여 병조판서로 임명하는 바람에 대신들의 불만을 사기도 했다.

동생 윤원형의 권력 남용으로 사림파 성리학자들로부터 악녀로 낙인찍혀 조선이 멸망할 때까지 악녀의 대명사 중 한 사람으로 비판받았다.

회암사 불화

명종의 건강 악화로 쾌유와 왕실의 안녕을 염원하기 위해 문정왕후의 지시에 의해 만들어진 불화이다.

■ 강제로 이혼 당한 왕비

중종(中宗)은 강제로 이혼당한 신씨, 그리고 사별한 정경왕후 윤씨 외에도 경빈박씨, 희빈홍씨 등이 있었다. 중종에게는 새 중전으로 간택된 문정왕후보다 더 미모의 여인들이 주변에 있었다.

더구나 이미 장경왕후 윤씨가 낳은 적통의 왕자와 경빈박씨가 낳은 복성군 미, 희빈홍씨가 낳은 봉성군 등 왕자들이 있어 새 왕비 문정왕후 윤씨는 그다지 반가운 존재가 아니었다.

그러나 중신들의 성화에 못 이겨 비어있는 왕비의 그 자리에 누군가 앉혀야 했다. 그렇게 하여 새 왕비가 된 문정왕후는 원자를 보호한다는 명분 덕택에 다른 후궁들을 견제할 수 있었다.

문정왕후는 입궐 초기부터 경빈박씨와 갈등을 빚었다. 문정왕후가 왕자를 낳지 못하자 경빈박씨는 자신의 아들 복성군을 왕위로 앉히려는 계획을 꾸몄고, 이를 반대하던 문정왕

후는 경빈박씨와 암투를 벌이기 시작한 것이다.

경빈박씨는 중종의 사랑을 독차지하기 위하여 갖은 음모를 다 꾸며대느라고 정신이 없었다. 그녀는 절세미인인데다가 복성군이라는 아주 잘 생기고 똑똑한 아들을 두고 있었기 때문이었다.

그런 경빈박씨는 원래 경상북도 상주 출신의 가난한 선비의 딸이었으나 박원종이 데려다가 성을 박씨로 고쳐 자신의 딸처럼 기르다가 중종에게 바친 여인이다.

뛰어난 미모에다가 자존심과 시기심도 강하여 주변 상황에 대응하고 사람들을 끌어들이는 지혜도 남다르게 특출하였다.

그러나 문정왕후가 대궐로 들어오면서 강력한 맞수가 된 것이다. 역시 성질이 표독하고 질투심이 심한 문정왕후와 경빈박씨는 사사건건 부딪치면서 감정 대립으로 치달았다.

게다가 희빈홍씨도 역시 문정왕후의 경쟁 상대였다. 희빈은 경빈박씨처럼 빼어난 미모와 뛰어난 정치 감각은 없었지만, 소박하고 포근한 부덕을 지녀서 상대방에게 늘 호감을 주는 인상이었다.

희빈홍씨는 중종이 부담스러워하던 조광조 일파를 몰아내려 할 때 나뭇잎에 꿀을 바르고 글자를 쓰는 기지를 보여 단칼에 척결하도록 한 뒤 중종의 총애를 독차지하기도 했다.

희빈홍씨나 경빈박씨보다 늦게 대궐에 들어온 문정왕후는 먼저 들어와 자리를 잡았다고 텃세를 부리는 이들 두 여인과 자연히 암투를 벌일 수밖에 없었다.

별로 빼어난 미모도 아니고 궁중에 이렇다 할 배경도 없이 하루아침에 새 왕비로 들어온 문정왕후는 그나마 딸들만 계속 낳으면서 대궐 안에 자신의 세력을 뿌리 내리는 기간이 늦어졌다.

아들을 낳을 때까지 장장 17년이라는 긴 세월 동안 온갖 수모와 굴욕을 당하면서 참고 견뎌야 했다.

당시 조정에서는 경빈박씨와 그의 소생 복성군 그룹에 남곤과 심정 등 권신이 그리고 왕세자를 둘러싼 세력으로는 윤임과 김안로가, 그리고 문정왕후 쪽에는 윤원로와 윤원형 형제가 3대 세력을 형성하며 서로 권력암투를 벌이고 있었다.

■ 작서의 변(灼鼠의 變)으로 뒤집힌 대궐

1527년 2월 26일 동궁의 북서 방향에 불에 탄 쥐 한 마리가 걸리고 나무 물통을 떼어낸 조각에 먹으로 쓴 방문이 발견되는 일이 벌어진 것이다.

"망측한 불상사로다!"

문정왕후는 이 기회를 이용해 경빈박씨 일파를 공격하라는 비밀 지시를 측근에게 내렸다. 경빈박씨가 자기 아들 복성군을 세자로 만들기 위해 왕세자를 저주하는 그을린 쥐를 대전 침실에 몰래 넣은 것으로 드러났던 것이다.

문정왕후는 세자를 보호한다는 구실 아래 경빈박씨 일파를 공격하면서 대궐 안이 시끄러워졌다.

이 사건으로 경빈박씨 모자가 대궐에서 내쫓겼으며 마침내 귀양을 가 있는 이들 모자에게 사약을 내려 죽였다. 그 하수인 남곤과 심정 세력도 몰락하여 귀양을 가고 일부는 사약을 받아 죽임을 당하였다.

싸움은 윤임 일가를 중심으로 한 대윤파와 윤원로와 윤원형 형제를 중심으로 한 소윤파의 한바탕 혈투로 얼룩졌다.

그와 함께 문정왕후가 동궁에 쥐를 이용하여 불을 질러 세자 인종을 죽이려 한다거나, 다과에 독을 넣어 인종을 죽이려 한다는 소문까지 나돌았음에도 불구하고 인종은 계모인 문정왕후에게 극진한 효심을 보였다.

문정왕후는 자기 아들을 왕위에 앉히려는 음모를 오빠 윤원로와 동생 윤원형과 함께 꾸몄는데 마침내 그런 야심을 노골적으로 드러내면서 윤임, 김안로 세력과 갈등했다.

그 과정에서 1537년 김안로가 문정왕후를 몰아내려고 음모를 꾸미다가 문정왕후의 당숙 윤안임의 밀고로 발각되면서 유배를 당하고 사약을 받았다.

문정왕후는 아들 경원대군이 12살의 어린 나이로 제13대 임금인 명종으로 즉위한 뒤에 본격적인 수렴청정을 하면서 명종을 유약한 인물로 만들고 말았다.

문정왕후는 자기 남동생인 윤원형을 중심으로 신사임당의 시댁 당숙인 우의정 이기, 요승 보우, 그리고 정난정 등을 가까이 두고 왕의 고유 권한인 통치권을 마음대로 주물렀다. 이로 인해 명종의 불만이 극도에 이르렀다.

●문정왕후 어보. 왕을 대신하여 수렴청정한 왕후의 어보는 임금의 어보와도 같았다.

문정왕후 어보(御寶)

어보는 왕과 왕비, 세자와 세자 빈 등 존호를 올릴 때 사용하던 왕가의 권위를 상징하는 도장을 말한다. 특히, 왕의 도장은 외교문서나 행정에 사용했던 국새(國璽) 와 의례용으로 사용했던 어보(御寶) 로 구분된다. 문정왕후 어보는 높이 6.45㎝, 가로, 세로 각 10.1㎝로 거북이 모양의 손잡이가 있으며, 아래 인면(도장을 찍는 면)에 문정왕후의 존호인 '성열대왕대비지보(聖烈大王大妃之寶)'란 명문이 새겨져 있다.
1547년 아들인 명종(재위 1545~1567)이 "경복궁 근정전 섬돌 위에 나가 '성렬인명대왕대비'라는 존호를 올리고 덕을 칭송하는 옥책문과 악장을 올렸다"는 실록의 기록으로 이때 만들어진 것으로 추정할 수 있다.

■ 말죽거리 벽서사건

문정왕후는 여왕이라는 소리를 들을 만큼 왕권을 마음대로 농단하였기 때문에 나라가 혼란스러워졌고, 여러 가지 폐단도 생겼다.

명종을 포함해 대부분의 신하들과 백성들은 문정왕후가 빨리 죽기만을 학수고대하는 상황에 까지 이르렀다. 그런 시점에서 양재역 말죽거리 한 주막 벽에 붉은 글씨의 비방문이 나붙었다.

양재동은 어질고 재주 있는 선비들이 많이 산다고 하여 붙여진 동네 이름이다. 그런 양재동에 느닷없이 문정왕후를 비방하는 괴상한 벽보가 나붙은 것이다.

"여자가 임금 위에 있고 간신이 그 아래서
국권을 농락하고 권력을 휘두르니
나라가 곧 망할 징조라 어찌 한심하지 아니하랴!"

부제학 정언각과 선전관 이로가 양재역 한 주막에서 익명의 벽보를 발견하여 문정왕후에게 보고했다.

난데없는 붉은 비방문을 받아든 대궐은 발칵 뒤집혔다. 임금 위의 여자는 문정왕후이고 간신은 그의 남동생 윤원형과 신사임당의 시댁 당숙 이기 일파를 지칭하는 것이었다.

문정왕후는 노발대발 분노했다.

"괴문서를 써 붙인 자를 당장 잡아들여라!"

범인을 알 수 없는 노릇이라, 불똥은 엉뚱한 곳으로 튀었는데 평소에 문정왕후의 섭정을 못마땅하게 여기던 충신 신하들이 무더기로 끌려들어가고 죽음을 당했다. 그나마 살아남은 선비들은 모두 귀양에 처해졌다. 이를 정미사화라 하고, '양재역 벽보사옥'이라고도 이른다.

벽보 사건으로 유명해진 양재동은 말죽거리라는 이름으로 불린 곳이다. 조선시대 양재 도찰방이 있었던 곳으로 종6품 찰방이 있고, 그 밑에 12개의 작은 역을 두고 관원에게 말과 숙소를 제공했다.

말죽거리 어원에 대한 또 다른 일화를 소개하면 1624년 인조반정에 공을 세운 공신들을 표창하는 논공행상에 불만을 품은 이괄이 반란을 일으켜 한양 도성을 침범했다.

이에 놀란 인조는 황급히 대궐을 빠져 나와 충청도 공주를 향해 남쪽으로 말을 타고 달렸다. 도성을 벗어난 임금 일행이 양재역에 이르자, 이곳에 사는 유생들이 급히 팥죽을 쑤어 바치니 임금은 말에서 내릴 틈도 없이 말 위에서 팥죽을 받아먹고 부랴부랴 떠났다 해서 말죽거리라 부르게 되었다고 전한다.

또 다른 이야기는 한양 도성에서 이곳까지는 한나절 거리로 지방에서 한양에 도달하려면 이곳에서 마지막으로 말에게 말죽을 먹이는 곳이라 해서 말죽거리라는 이름이 생겼다는 이야기이다.

이 사건으로 중종의 서자이자 희빈홍씨의 아들인 봉성군 완과 사림파 선비와 충경빈박씨와 희빈홍씨 모자를 내쫓고 사약을 내린 문정왕후는 1565년 음력 4월 병석에 눕더니 갑자기 병세가 심해져 5월 5일 유언을 남기고 세상을 떠나자 바로 국상이 선포되었다.

그러나 사람들은 문정왕후의 사망 소식을 듣고 욕설을 퍼부었다.

"여우가 죽었다!"

"독한 년이 죽었다!"

차마 입에 담지 못할 욕설이 쏟아지면서 문제가 되었지만, 백성들의 민심을 고려하여 그냥 넘어갔다고 한다.

문정왕후는 남편 중종의 능침 옆에 안장되기를 희망했지만, 태릉에 홀로 묻혔다.

● 문정왕후의 무덤인 태릉과 무인석.

생명력이 없는 그림은 죽은 그림이다

申師任堂

제5장

여성의 삶을 개척하며

신사임당은 완전한 예술인으로서의 생활 속에서 인자한 어머니와 착한 아내의 역할을 동시에 실현시켰던 것이다. 그래서 조선왕조가 요구하는 유교적 여성상에 만족하지 않고 독립된 인간으로서의 생활을 스스로 개척한 여성이라고 보는 것이다.

그래서 신사임당은 조선시대 최고의 여성상으로 존경을 받는 인물이다. 신사임당을 평가한 사람들 중에는 온아한 천품과 예술적 자질조차도 신사임당이라는 당호에서 보여주는 것처럼 모두 태임의 덕을 배우고 본뜬 데서 이루어진 것이라고 하였다.

그런 이면에는 아들 율곡을 대정치가인 동시에 대학자로 길러낸 훌륭한 어머니로서의 지덕과 품성을 높이 평가한 때문이다.

또한 교양과 학문을 갖춘 예술인으로서 성장할 수 있 었던 배경에는 타고난 천부적인 재능과 더불어 그 재능을 발휘할 수 있도록 북돋아준 좋은 가정환경이 있었다.

이미 신사임당의 재능은 일곱 살 어린 나이에 조선시대 최고의 화가로 꼽힌 안견의 그림을 스스로 사모하고 본받아 익혔던 것에서 찾아볼 수 있다. 더구나 통찰력이 예민하고 판단력이 뛰어나고 탁월한 감수성을 지녀 예술가로서 크게 성공할 수 있는 특성을 지니고 있었다.

거문고 타는 소리를 듣고 감회가 일어나 눈물을 지었던 소녀, 결혼해서 한양에 머무는 동안 강릉의 친정어머니를 생각하며 눈물로 밤을 지새운 일은 신사임당의 섬세한 감정이 남다르다는 것을 그대로 보여주는 일들이다.

오이와 개구리
여성적인 섬세한 필치와 미려한 설채법을 구사하여 풀과 벌레를 그린 신사임당의 초충도 작품이다.

■ 생동하는 그림 남겨

1868년 강릉부사로 간 윤종의는 신사임당의 글씨를 영원히 후세에 남기고자 그 글씨를 판각하여 오죽헌에 보관하면서 발문을 적어 크게 칭찬하였다.

"여기에 신사임당의 글씨를 정성들여 그은 획이 그윽하고 고상하여 정결하고 고요하여 부인께서 더욱 더 저 태임의 덕을 본뜬 것임을 알 수 있다."

신사임당의 성격만큼이나 시, 그림, 글씨도 매우 섬세하고 아름답다. 그림 대상은 풀벌레, 포도, 화초, 물고기, 대나무, 매화, 난초, 자연 풍경 등 다양했다.

더구나 그림마다 마치 생동하는 듯 섬세함이 넘쳐나고 살아있는 느낌이며 사실적인 화풍이었다. 그런 사례는 풀벌레 그림을 마당에 내놓아 여름 볕에 말리려 하자, 닭이 와서 살아있는 풀벌레인 줄 알고 쪼아 종이가 뚫어졌다는 일화에서 이미 증명되었다고 전한다. 신사임당의 그림에 후세의 시인과 학자들이 발문을 붙였는데 모두가 한 목소리로 절찬하였다. 그림으로 채색화, 묵화 등 40여 점이 전해지고 있다.

글씨로는 초서 여섯 폭과 해서 한 폭이 남아 있을 뿐이다. 이 몇 조각의 글씨에서 신사임당의 고상한 정신과 기백을 엿볼 수 있다.

신사임당의 글씨에 대해 그야말로 말발굽과 누에머리라고 이르는 뜻의 마제잠두(馬蹄蠶頭)라는 체법의 글씨였다고 평가했다.

여섯 폭짜리 초서가 오늘까지 전해진 배경에는 신사임당의 넷째 여동생의 아들 권처균이 여섯 폭 초서를 얻어간 것을 그 딸이 최대해에게 시집갈 때 가지고 가서 최씨 가문에서 대대로 가보로 전하였기 때문이다.

그런데 세월이 흘러 조선 제21대 임금 영조 때에 이웃 고을 사람의 꾐에 빠져 이를 빼앗겼다가 어렵게 되찾아 그 뒤 최씨 집안에서 계속 보관하였다고 한다.

지금도 강릉시 두산동 최씨 가문에 보관되어 있으며, 강릉부사 윤종의에 의하여 판각된 것만이 오죽헌에 보관되어 있다.

■ 절묘한 예술의 세계

신사임당이 절묘한 경지의 예술 세계를 지키면서 발전시킬 수 있었던 중요한 동기는 가정환경이었다.

먼저 현철한 어머니의 가르침을 마음껏 받을 수 있는 가정환경을 가졌다는 점이다. 그리고 자기주장적인 유교 사회의 전형적인 남성 우위의 허세를 부리는 완강한 남편을 만나지 않았다는 사실이다.

신사임당은 예술 작품을 통해 거짓 없는 본연의 순수성을 정직하면서 순수하게 추구하고 표현했다. 신사임당의 예술성을 더 크고 더 넓게 북돋아준 것은 남편이었다. 신사임당이 친정에서 오랫동안 생활할 수 있었던 것은 남편과 시어머니의 도량 때문이라 할 수 있다.

남편은 아내의 그림을 친구들에게 자랑을 할 정도로 아내를 이해하고 또 재능을 인정하고 있었다.

신사임당의 남편은 아내의 예술적 자질을 인정해 주었고 아내의 말에 귀를 기울이는 도량이 넓은 사람이었다. 결혼 전부터 이미 신사임당의 예술과 학문에 깊은 영향을 준 외

산차조기와 사마귀

신사임당이 풀과 벌레를 그린 초충도는 8폭 병풍으로 구성되어 있으며, 여성적인 섬세한 필치와 미려한 설채법으로 그려져 있다.

할아버지의 학문은 현철한 어머니를 통해 사임당에게 아낌없이 전수되었다.

신사임당의 어머니는 무남독녀 외동딸이었다. 부모의 깊은 사랑을 받으면서 학문을 배웠고, 결혼 뒤에도 부모와 함께 친정에서 살았기 때문에 일반 여성들이 결혼 후에 시댁에서 며느리로서 겪는 정신적 갈등이나 육체적 고통이 없었다.

그래서 비교적 자유롭게 일상생활과 자녀교육을 시킬 수 있었다. 이러한 어머니에게서 가르침을 받은 신사임당은 천부적 예술적 재능을 마음껏 발휘할 수 있었다.

여자가 결혼한 뒤에는 오직 시댁만을 위하고 시댁의 귀신이 되라고 요구한 유교적 규범 속에서도 친정을 그리워하고 친정에서 자주 생활한 것은 규격화된 의리의 규범보다 더 순수한 인간 본연의 정과 사랑을 중요하게 여겼기 때문일 것이다.

사임당의 자녀들 중 셋째 아들 율곡은 어머니의 가르침에 감화를 가장 많이 받았다. 그는 어머니 신사임당의 행장을 저술했는데, 그 안에 신사임당의 예술적 재능, 우아한 천품, 정결한 지조, 지극한 효성, 순결한 성품 등을 소상히 밝혔다.

이 행장을 통해 뒷날 신사임당이 현모양처의 표상이자 귀감으로 세상에 알려진 것이다.

학자인 윤종섭은 율곡과 같은 큰 성인이 태어난 것은 태임을 본받은 신사임당의 태교에 있음을 시로 읊어 예찬하였다.

그림은 손재주만으로 그려내는 것이 아니라
생명력을 담아내야 한다

申師任堂

제6장

시대를 초월한 여성

신사임당은 조선시대에서도 특출했던 여류 명사였다. 중종(中宗) 이후 명종(明宗) 임금 시대를 살았던 여성들 가운데는 문정왕후, 정난정, 황진이, 장녹수 등 특출한 인물들이 있었다.

하지만 모두가 권력의 한 복판에서 세력을 휘둘렀거나 권력에 붙어 농간을 부리면서 선녀보다는 악녀로, 명사보다는 추악한 스캔들의 여인으로 기록을 남겼다.

그러나 신사임당은 권력의 주변에는 얼씬도 하지 않았고, 남편에게도 암투가 이어지는 권력 주변에는 발을 들여놓지 말도록 당부한 지혜로운 여인이었다.

그런 예는 시댁의 당숙이 영의정이라는 최고의 벼슬자리에 있으면서 권력을 남용하는 시절에 백수인 남편이 당숙 대감 댁을 드나드는 것을 만류한데서 잘 드러났다.

그 시절은 정치적으로 매우 불안하고 혼탁한 때였다. 그런 시절에 홀어머니를 효성으로 봉양하면서 고고한 예술가의 삶을 살았고, 자녀들의 교육에 전념하여 조선 최고의 대학자로 길러냈으니 난세에 홀로 독야청청한 삶을 살았던 것이다.

신사임당은 그런 혼란스러운 세월에 한양 새댁에서 학문과 예술성을 드높이면서 아들 율곡을 조선 최고의 대학자로 길러낸 것이다.

더구나 신사임당은 여성으로서 갖추어야 하는 여범, 숙범과 학문을 배워 부덕과 교양을 갖춘 어진 어머니, 현명한 아내로서의 위상을 확립하였다.

지조가 고상하고 학식이 높고 효성이 지극하여 부모와 남편을 받들고 자녀들에게 모범을 보인 현모양처로 추앙을 받았다.

한양 육전거리 모습. 신사임당의 한양에서의 생활을 유추할 수 있다.

■ 거듭된 국난 세월

그 시대는 권력을 잡기 위해 이전투구하고 서로 모함하고 패당거리를 조작하고 사화를 일으키는 혈투가 이어졌다. 그 대표적인 사례가 연산군 때의 조의제문 사건, 명종 때 문정왕후와 그의 남동생 윤원형이 중심이 되어 일으킨 을사사화, 그리고 신하들이 혁명을 일으킨 중종반정 등이다.

그런 혼탁한 세월의 불씨는 제9대 임금 성종이 승하하고 세자 연산군이 등극하면서 피어올랐다. 제10대 임금으로 권좌에 오른 연산군은 훈구파들의 정파놀음을 받아들여 김종직의 조의제문을 탄압의 구실로 삼았다.

어머니 윤비가 억울한 죽음을 당했다는 사실을 알아낸 연산군은 무오사화를 일으켜 사림파 선비들을 대학살하고 다시 갑자사화를 일으켜서 충신, 선비, 학자들을 무차별로 죽이고 귀양을 보내는 피맺히는 보복정치를 단행하였다.

그뿐만이 아니라 원각사 절에 장악원을 만들고 기생들을 양성하고 성균관의 유생들을 내쫓고 조선 최고의 교육기관을 음행이 판치는 유흥장으로 만들었다.

인륜도덕을 중요하게 여기는 조선왕조의 기강이 하루아침에 무너지고 세상이 문란해지자 신하들이 쿠데타를 단행하여 성종의 둘째 아들 진성대군을 왕으로 추대하는 중종반정을 일으켰다. 그리고 연산군을 강화 교동 섬으로 귀양을 보냈다.

진성대군이 어린 나이에 제11대 중종 임금으로 등극하여 형인 연산군의 방탕하고 잔인한 폭군정치를 청산하고 이상정치를 펴려고 하자 간신들이 몰려들어 정국이 다시 혼란스러워졌다. 더구나 중종은 기묘사화와 을사사화, 삼포왜란 등으로 국난을 맞았다.

그 뒤에 인종을 거쳐 명종이 12살 어린 나이로 제13대 명종이 되자 어머니 문정왕후의 수렴청정이 시작되면서 또다시 걷잡을 수 없는 혼란 속으로 빠져들었다.

문정왕후의
어보의 보면(寶面 글씨가 새겨진 면)
중종의 계비 문정왕후는 1545년 아들 경원대군이 12세의 어린 나이로 즉위하자 섭정이 되어 막강한 권력을 행사하였으며, 국왕의 고유 권한인 인사문제에 개입한 그녀는 8년간 수렴청정으로 섭정하였다.

제7장

최초의 '여성군자' 칭호

조선 500년 역사상 최초로 '여성 군자'이며 '여류 선비'라는 칭호와 함께 현모양처로 추앙을 받았던 신사임당은 어느 특정한 분야가 아니라 여러 방면에 걸쳐 골고루 뛰어난 솜씨를 보여준 여성이었다.

가사 문학의 대가로 윤선도와 함께 조선시대 한국 시가문학의 쌍벽을 이루었던 정철의 현손이자 영의정을 지낸 정호가 그 당시에는 놀랄만한 주장을 했다.

"여자라도 덕이 온전히 갖추어졌고, 재주 또한 통하지 않음이 없다고 하면 어찌 여자라 하여 군자라 일컫지 못하겠는가.

신사임당은 여자 중의 군자라 일컬어도 손색이 없을 인물이다. 큰 인물을 낳고 길러 꽃다운 이름을 백대에 끼쳤으니 다시 더 말할 필요가 없다."

이렇듯 군자란 심성이 어질고 덕행이 높아 남의 사표가 될

만한 사람을 일컫는다. 뿐만 아니라 형조판서를 지낸 신석우 도 신사임당을 '여류 선비'라고 격찬했다.

대개 역사의 인물 속에는 훌륭한 여성들도 수없이 많다. 하지만 지금까지 알려진 많은 여성의 경우 한두 가지 분야에만 뛰어나 이름이 알려졌을 뿐이다.

그러나 신사임당은 그런 편견을 깨뜨린 여성이다.

아무리 뛰어난 재주를 지녔다 할지라도 인격과 덕을 갖추지 못했다면 그것은 한낱 재주꾼에 지나지 않았을 것인데, 신사임당은 인격도 뛰어났고 덕망도 매우 높았다.

그런 평가는 한국 지폐 사상 여성으로 처음 화폐 인물로 선정되었다는 데서 입증되었다.

우리나라 화폐 중 가장 고액권인 오만원 지폐에 그려진 신사임당 초상.

■ 여성의 자유 엄격 제한

조선시대의 여성은 자유가 엄격하게 제한 당했다. 형식적인 교육도 거의 받지 못하였고, 재능이 있어도 펴지 못한 채 관기가 되어 선비 학자들과 상대하면서 시와 글, 그림과 가창을 주고받았다.

조선시대의 여인은 몇몇 지적인 배움이 있었던 여성을 제외하면, 대부분이 바느질 혹은 자수 등으로 재질을 꽃피울 수 있었다.

더구나 남존여비 사상이 판을 치던 조선시대의 여성들은 도덕은 말할 수 있어도 재주는 드러내어 밝힐 것이 못된다고 여겼다. 그럼에도 불구하고 뛰어난 예술작품을 남긴 여성들이 있다.

선비 집안 출신인 신사임당과 그의 큰딸 이매창, 여류 시인 허난설헌, 기녀인 축향과 황진이 등이 그런 여성들이다.

특히 한국 역사상 가장 훌륭한 어머니이자 현모양처로 칭송받은 유학자 율곡의 어머니 신사임당은 주변에서 흔히 볼 수 있는 새, 꽃, 곤충, 사군자 등을 뛰어난 통찰력과 세심한 화법으로 화폭에 담았다.

신사임당은 우리 사회에 남녀의 차별을 두어서는 안 되고 남녀가 평등하다는 의식을 높여주는 동시에 여성의 사회참여에 긍정적으로 기여하고 자녀의 재능을 살린 교육적 성취를 통하여 교육과정의 중요성을 일깨워준 겨레의 스승이었다.

신사임당은 아들 율곡과 헤어진 뒤 458년 만에 화폐 속에서 극적으로 다시 만나면서 지구촌에서는 최초로 어머니와 아들이 화폐에 등장한 진기록을 세웠다.

신사임당은 이제 문장 속의 거인으로, 그림 속의 위대한 예술가로서의 경지를 뛰어넘어 방송 드라마로 또 다른 열풍을 예고하고 있다.

자신의 재능을 스스로 계발한 21세기 여성, 시와 화폭 속에서도 어머니를 그린 효성스런 여성, 남편에게 학문을 권장한 어진 아내, 만고의 스승을 낳고 기른 훌륭한 현명한 어머니, 정교한 예술세계를 개척한 여류 예술인, 근검절약을 몸소 실천한 참된 살림꾼으로 집약되는 삶의 진솔한 모습을 방송 드라마 <신사임당>으로 새로운 모습을 다시 보여줄 것이다.

제8장

아들이 본 어머니 삶

아들 율곡이 본 어머니 신사임당의 삶은 어떤 모습이었을까?

율곡은 어머니가 세상을 떠난 뒤 생애의 줄거리를 요약한 기록문 행장을 손수 지어 영전에 바쳤다. 이를 《선비행장(先妣行狀)》이라고 한다. 선비는 돌아가신 어머니를 이르는 말이고, 행장은 사람이 죽은 뒤에 평생의 일을 간추려 기록한 글이다.

신사임당은 그 이름이 널리 알려져 있지만, 막상 그의 행적과 예술에 대해서 자세히 또 정확히 아는 사람은 많지 않을 것이다. 사람들은 율곡을 낳아 만고의 대학자로 훌륭히 키운 현모양처였기 때문에 유명해졌다고 흔히 생각한다.

율곡이 지은《선비행장》은 '자당의 휘는 모(某)'라고 시작되는데, 자당은 어머니요, 휘는 고인의 이름이며, 모(某)는 아무개라는 뜻으로 어머니 이름 대신에 표현한 글이다.

그러나 아버지에 대한 선고행장(先考行狀)은 쓰지 않았다. 《선비행장》의 애절한 내용은 이렇다.

《선비행장》전문

자당의 휘는 모(某)로 진사 신공(申公)의 둘째 딸이다. 어렸을 때에 경전을 통했고 글도 잘 지었으며 용감함이 뛰어나서 세 가지를 갖춘 인물이라 삼절(三絶)이라고 부른 것이 시초가 되었다.

당나라 때 정건은 시, 서예, 그림에 뛰어나다 하여 정건삼절이라고 불렀다.

또한 자당은 시, 서예, 그림에다가 바느질도 잘 하고 수놓기까지 정묘하지 않은 것이 없었다. 게다가 천성도 온화하고 얌전하였으며 지조가 정결하고 거동이 조용하였으며 일을 처리하는데 안존하고 자상스러웠으며, 말이 적고 행실을 삼가고 또 겸손하였으므로 신공이 사랑하고 아꼈다.

성품이 또 효성스러워 부모가 병환이 있으면 안색이 반드시 슬픔에 잠겼다가 병이 나은 뒤에야 다시 처음으로 돌아

갔다. 이미 시집을 가게 되자 진사 신공이 이군(아버지)에게 말하기를, "내가 딸이 많은데 다른 딸은 시집을 가도 서운하질 않더니 그대의 처만은 내 곁을 떠나보내고 싶지 않네 그려."라고 하였다.

신혼을 치른 지 얼마 안 되어 진사가 작고하니 상을 마친 뒤에 신부의 예로써 시어머니 홍씨를 한양에서 뵈었는데, 몸가짐을 함부로 하지 않고 말을 함부로 하지 않았다.

하루는 종족들이 모인 잔치 자리에서 여자 손님들이 모두 이야기하며 웃고 하는데 자당만 말없이 그 속에 앉아 있자 홍씨가 자당을 가리키며, "새 며느리는 왜 말을 않는가?" 하셨다. 그러자 무릎을 꿇고 말하기를, "저는 문밖을 나가 본 적이 없어서 전혀 본 것이 없는데 무슨 말씀을 하오리까?" 하니, 온 좌중에 있던 사람들이 모두 부끄러워했다고 한다.

그 뒤에 자당께서 임영(강릉의 옛 이름) 친정으로 가셨는데 시댁으로 돌아오실 때에 자친(慈親;외할머니)과 울면서 작별을 하고 대관령 중턱에 이르러 북평 땅을 바라보며 견딜 수 없어 가마를 멈추게 하고 한동안 쓸쓸히 눈물을 짓고 시를 지으니 '유대관령망친정'이라는 시였다.

慈親鶴髮在臨瀛 (자친학발재임영)

백발되신 어머니강릉 친정에 계신데,

身向長安獨去情 (신향장안독거정)

홀로 서울을 향해 가는 이 몸 괴로운 마음

回首北坪時一望 (회수북평시일망)

고개 돌려 북쪽 고향 들판 바라보니

白雲飛下暮山靑 (백운비하모산청)

흰구름만 저무는 푸른 산에 날아 내리네.

사임당은 한양에 이르러 수진방(오늘날 서울 종로구 청진동)에서 살았는데 이때에 시어머니 홍씨는 늙어 가사를 돌보지 못하셨으므로 자당이 맏며느리 노릇을 했다. 아버지는 성품이 호탕하여 세간 사리를 불고(不顧)하였으므로 가정 형편이 매우 어려웠는데 자당이 절약하여 윗분을 공양하고 아랫사람을 길렀는데 모든 일을 맘대로 한 적이 없고 반드시 시어머니에게 고하였다.

그리고 홍씨의 앞에서는 시중드는 여종도 꾸짖는 일이 없고 말씀은 언제나 따뜻하고 안색은 늘 온화했다. 아버지께서 어쩌다가 실수가 있으면 반드시 간(諫)하고 자녀가 잘못

이 있으면 훈계를 하였으며 좌우가 죄가 있으면 꾸짖으니 종들도 모두 존경하며 떠받들고 좋아했다.

자당이 평소에 항상 임영(강릉)을 그리워하여 밤중에 사람 기척이 조용해지면 반드시 눈물을 흘리며 울고 어떤 때는 새벽이 되도록 잠을 이루지 못하였다.

하루는 친척 어른이신 심공(沈公)의 시녀가 찾아와 거문고를 뜯자 자당께서는 거문고 소리를 듣고 눈물을 흘리며, "거문고 소리가 그리움이 있는 사람을 뜨겁게 한다."고 하셨는데, 온 방 사람들이 슬퍼하면서도 그 뜻을 몰랐다.

또 일찍이 어버이를 생각하는 시를 지었으니 그 시가 '사친'이다.

자당은 갑자년(1504년) 10월 29일에 임영(강릉)에서 태어나 임오년(1522년)에 시집을 오셨으며 갑신년(1524년)에 한양으로 오셨다. 그 뒤에 임영으로 근친을 가서 계시기도 했고 봉평에서 살기도 하다가 다시 한양으로 돌아오셨다.

경술년(1550년) 여름에 아버지는 수운판관에 임명되었고,

신해년(1551년) 봄에는 삼청동 집으로 이사를 했다. 이해에 아버지는 조운의 일로 관서지방에 가셨는데 이때 형과 내가 모시고 갔다.

이때에 자당은 수점(水店)으로 편지를 보내시면서 꼭 눈물을 흘리며 편지를 썼는데 사람들은 그 뜻을 몰랐다.

5월에 조운이 끝나 아버지는 배를 타고 한양으로 향하였는데, 당도하기 전에 자당께서 병환이 나서 겨우 2~3일이 지났을 때 모든 자식들에게 이르기를, "내가 살지 못하겠다." 하셨다.

밤중이 되자 평소와 같이 편히 주무시므로 자식들은 모두 병환이 나은 줄로 알았는데 17일(갑진) 새벽에 갑자기 작고하시니 향년 48세였다.

선비행장(先妣行狀)

조선 중기의 학자 이이(李珥)가 어머니 신사임당(申師任堂)의 행적을 기록한 글이다. 선비란 남에게 세상을 떠난 자기 어머니를 이르는 말이고, 행장이란 사람이 죽은 다음에 그의 일생의 행적을 적은 글이다.
신사임당이 세상을 뜨자 어머니의 행적을 기리기 위해 아들 이이가 쓴 글이 「선비행장(先妣行狀)」이다. 이 글은 『율곡전서(栗谷全書)』 권18 「행장편」에 수록되어 있다.

율곡전서. 이이의 선비행장 전문이 담겨져 있다.

제9장

가문의 명예 빛낸 며느리

우리나라 반만년 장구한 역사 속에는 위대한 어머니, 훌륭한 어머니들이 많다. 그런 어머니들 가운데 한 사람이 율곡의 어머니 신사임당이다.

조선시대 현모양처로서 가장 좋은 어머니로서의 모습을 보여준 사람이지만 세월을 뛰어넘어 오늘날에도 현모양처의 표상으로 명성을 지니고 있다.

신사임당은 어머니로서 자녀를 교육시킬 때 자녀에게 위인의 행실을 들려주어 본받게 하였으며, 꾸짖을 때는 가장 엄한 어머니였다.

그리고 자녀에게 사람다운 행실을 갖출 것을 교육한 어머니였다. 그러면서 자신의 재질을 계발하고 부모에게 효도하고 남편의 부족함을 채워주는 현명한 아내이기도 하였다.

유교적으로 매우 엄격했던 조선시대의 여성에 대한 차별

의 한계를 뛰어넘는 강한 의지와 면모를 보여준 어머니, 자신에게 주어진 역할을 훌륭하게 펼쳐 나아간 아름다운 여성이자 자애롭고도 지성미가 뛰어난 어머니였다.

■ 열녀효부 권장한 시대

남성위주의 유교적 봉건사회인 조선시대에 여성에게 강요된 유교 윤리관은 열녀효부였다. 현모양처 개념은 삼종지도, 칠거지악 등 남녀차별을 전제로 한 유교의 영향이었다.

열녀는 절개가 굳은 여자를, 효부는 시부모를 잘 섬기는 며느리를 의미하며, 열녀효부가 여성들에게 요구하는 것은 인내와 복종이었다.

칠거지악은 아내를 내쫓기 위하여 일곱 가지의 이유를 붙여 만든 것이다.

양처현모란 모델 자체부터가 여성에게 순종을 요구하는 것이었으며, 남편에게 순종하는 여성을 원했던 시대의 풍조였다.

여성들도 열녀효부라는 전통적 여성상이 강조되던 조선 시대에서는 남편과 시부모에 대한 무조건 복종과 헌신해야만 현명한 어머니, 어진 아내라는 역할을 다했다고 여겼다.

그렇다면 현모양처의 표상인 신사임당은 과연 유교적 가부장제에 순응하기만 했던 수동적인 여성이었던가?

특히 신사임당의 그림은 조선의 지식인들도 인정했을 정도였다. 그래서 그림에 발문을 쓴 사람 중 하나가 조선 중기의 거물 정치가였던 우암 송시열이다. 그는 조선왕조실록에 3000번 이상 등장하는 인물이다.

송시열은 11대 선조 임금부터 19대 숙종 임금 때까지의 문신 학자였다. 그의 전성기는 17대 효종 때이며 효종 임금의 오른팔이 되어 정계의 일인자가 되었다. 문장과 서체에도 뛰어났다.

물론 송시열은 율곡의 학통을 계승한 입장이었으므로 신사임당이 그의 어머니였기에 그랬을 수도 있다. 그 뿐만 아니라 숙종 임금도 신사임당의 그림에 발문을 지었다.

신사임당은 정치적 감각도 매우 뛰어나서 남편 이원수가 벼슬을 하지 못하여 세도가로 이름을 날렸던 당숙인 이기를 찾아다니자 적극적으로 만류하는 기지를 보였다.

■ "왕대밭에 왕대난다"

신사임당은 조선시대 천재 가문을 이룩한 여성이었다. 아들 율곡과 우, 딸 매창, 손자 경절 등 당대에 내로라하는 대학자와 예술가를 만들어낸 여인이었다.

율곡의 동생 이우는 시, 서예, 그림, 거문고에 타고난 재능을 발휘하여 조선왕조에서는 유일하게 사절(四絕)로 불린 인물이다.

하늘은 인간에게 두 가지를 주지 않는다는 말이 있다. 대개 용모가 뛰어나면 머리가 부족하고, 머리가 뛰어나면 행동이 부족하고, 행동이 뛰어나면 지성이 모자란다. 이렇듯 여러 재능을 겸비하기란 천재가 아니고는 거의 불가능한 일이다.

이우는 그림은 물론 시와 글 가야금에 뛰어난 재능을 발휘하였는데 특히 어머니의 화풍을 따라 《초충도》와 사군자

는 어머니 신사임당의 예술적 수준보다 앞섰다는 평가를 받았다.

이우의 아들 경절도 서예, 그림, 거문고에 뛰어난 삼절이었으니, 그의 삼절에다가 아버지 이우의 4절(4絶), 그리고 할머니 신사임당의 3절(3絶)까지 합치면 모두 10절(10絶)이라 하여 불세출의 기록을 남겼다.

신사임당 가문의 천재적 재능은 오늘날에도 살아 숨 쉬며 조선왕조 500년 역사속의 거울이 되고 있다. 가문의 명예를 빛낸 자랑스러운 며느리로 그 이름 신사임당은 영원히 남을 것이다.

3절(3絶)
세 가지 기예에 뛰어난 사람을 가리키는 말. 중국 당나라 때 송영문이 문장, 글씨에다가 용감한 기력이 뛰어나 세상 사람들이 3절이라 일컬었다. 당나라 때 정건은 시, 서예, 그림에 뛰어나 역시 3절이라 하였다.
조선시대에는 안견, 강희안, 신사임당, 이경절, 황진이 등을 3절이라고 하였다. 신사임당의 넷째아들 이우는 세 가지에 거문고를 더하여 조선 500년사에서 유일하게 4절이라는 말을 들었다.

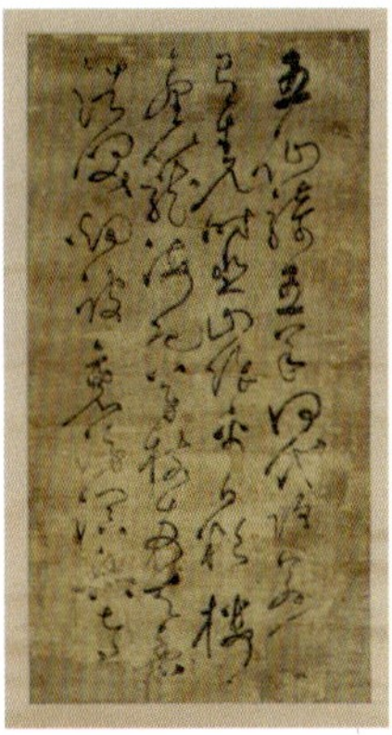

옥산 이우의 서체
이우는 다재다능한 재주로 사절이라고 칭송하였다.

제10장

현모(賢母)의 표상

신사임당 신인선(申仁善)은 영원한 현모양처, 대한민국 최고 고액권 지폐 5만원권의 주인공. 조선시대의 여류 문인, 서화가, 문장과 바느질, 자수에 일가(一家)를 이룬 여성, 시와 그림에 탁월한 재능을 지녔고 자녀교육에 남다른 열정을 보인 율곡의 어머니, 부모에 효성이 지극하고 지조가 높은 현부(賢婦)로 평가받은 여성. 그래서 오늘날까지 영원한 현모양처의 귀감으로 추앙받고 있다.

조선시대 효열행(孝烈行)의 대표적인 여성으로써 한국 어머니의 표상(表象)인 신사임당(申師任堂), 그런 신인선(申仁善)과 보통남편 이원수(李元秀) 부부의 삶은 과연 행복했을까? 많은 사람들이 궁금하게 여기는 대목이다.

결론부터 말하면 두 사람의 결혼은 그다지 행복하지 않았던 것 같다. 그런 상상은 남편 이원수가 아내 신인선의 사랑을 배반하고 주모(酒母) 권 여인과 동거하다가 아내 사후(死後)에 바로 후처로 삼았기 때문이다.

신사임당은 자녀에게는 현명한 어머니였고 부모에게는 효심 가득한 딸이었지만, 남편에게는 사랑스럽고 어진 아내가 아니었는지 모른다. 그래서 현명한 어머니라는 현모(賢母)는 맞지만 양처(良妻)에는 해당되지 않는다고 말하는 사람들이 있다.

신사임당은 적어도 자식과 무모에게는 절대적인 관심을 다 쏟고 있으면서도 가장 아끼고 사랑해야 할 남편에게는 무관심한 여성이 아니었나 하는 생각을 갖게 한다.

■ 남편의 배신(背信)

아내 신사임당에 대한 단편적인 기록은 많은데, 남편 이원수에 관한 기록은 별로 없다. 남편 입장에서 볼 때 부인의 애교, 남편에 대한 자상한 배려, 아내로서의 다정다감하고도 아기자기한 정감을 신사임당으로부터는 느끼지 못했던

것이 아닐까?

평범한 보통남편 이원수와, 지혜와 덕망을 갖춘 총명하고 완벽한 아내 신사임당 사이에서는 부부로서의 지적인 교감과 이성적인 사랑의 호흡이 맞지 않았으며, 장기간의 별거로 인해 부부관계가 소원(疏遠)하여 부자연스럽고 원만하지 못했다는 지적이다.

만일 자식이나 부모에게 바친 열정처럼 남편에게도 그렇게 했다면 평범한 보통남자 이원수가 주모(酒母)와의 사랑에 빠졌을까? 하는 의구심이 든다. 문제는 아내를 배신(背信)하고 다른 여자를 사랑한 남편 이원수에게 있지만, 신사임당에게도 모순과 책임의 일단이 있지 않았나 하는 가설이 성립된다.

남편에 대해 무관심하고 무책임한 아내, 모든 것이 자기중심적인 아내는 그 남편을 무성의한 남자, 무기력한 남편, 밖으로 나도는 사람으로 만들어 버린다. 사랑은 상대적이라서 베풀 때 받게 된다. 아름다운 사랑, 지순한 사랑은 함께 살면서 성장하고 이어진다.

조선시대의 여성들은 남성 중심의 부부유별(夫婦有別)이라는 유교적 관념 속에서 남존여비 사상에 얽매어 희생되는 삶을 살아왔다. 남성에게 복종하고 가문에 충실하며 가사에 매달리면서 노동자 같은 삶을 이어왔다는 말이다.

신사임당의 개인적인 삶을 볼 때 가부장적 시대 환경에서 상당히 벗어난 위치에 있었다고 볼 수 있지 않을까? 한편으로는 여필종부(女必從夫) 사상과 관계를 넘어 자기중심적인 삶의 궤적을 보여준 여성이 아니었나? 여성으로서 부모와 지식과는 떨어질 수 없다는 본능의 삶에 충실한 반면 남편에 대해서는 지나친 방임에서 남편이 다른 여인을 찾아가는 길을 스스로 열어준 셈이 되고 말았다는 결론이다.

■ 부부간의 애정

어느 철학자가 이렇게 말했다.

"조선시대 여성들은 대부분이 여자가 무엇인지를 알기 전에 일찍 결혼했고, 어머니의 책임이 무엇인지 모르는 동안에 어머니가 되었기에, 자식에게는 절대적 모성(母性)을 보이지만 남편에 대해서는 수동적이고, 아내의 도리와 책임에만 얽매어 살다가 자아(自我)를 느낄 때 죽어간다."

신사임당은 예술적이면서 지성적인 삶을 살았고, 부모에 대한 효성과 자녀교육에 헌신적이었다는 점에 모두의 존경을 받는다.

그러나 결혼한 여인이 남편과 장기간 떨어져 생활한 점은 그 사연을 떠나서 결코 바람직한 일이 아니라는 느낌이다. 더구나 신사임당이 이원수를 극진히 사랑하고 지성으로 섬겼는데도 남편이 뿌리치고 다른 여인을 사랑했다는 기록이나 흔적은 없다.

그 보다는 남편을 훈계하고 다스리려고 했던 면이 다분하다. 과거시험 공부에 전념하라면서 10년 별거 약속을 내걸면서까지 남편을 돌려보냈다.

그러나 그 남편은 아내를 떠나 십리 쯤 가다가 되돌아오기를 세 번이나 거듭했으니, 아내를 처가에 두고 한양 천리 멀고 먼 길을 떠나가는 발길이 천근만근처럼 무거웠던가 보다. 거기서 아내와 떨어지기 싫은 연민의 정을 느끼게 한다. 그런 남편이 끝내 돌아선 것이다.

재능이 비상한 아내를 거느리고 똑똑한 자식을 둔 이원수였지만, 신사임당과의 가정생활이나 부부간의 애정은 그렇지 못했던 것으로 보인다.

흔히 말하는 부부싸움이 잦아서, 아내의 바가지 긁는 소리를 듣기 싫어서, 직장관계로 멀리 떨어져 살았던 사이도 아니었다.

신사임당은 병약한 친정어머니 때문에 친정에 눌러 앉았다고 전한다. 그러나 어머니처럼 외동딸이 아니다. 친정어머니에게는 신사임당 말고도 네 명의 딸이 있었다. 그런데 왜 신사임당만이 친정에 눌러 앉아서 친정어머니를 봉양해야 했을까? 그렇다면 다른 딸들은 불효녀였다는 말인가? 그렇지 않다. 다른 네 딸은 남편과 시댁에 충실한 여인들이었고 전한다.

결혼 후 반년 뒤부터 오랜 기간을 떨어져 살아야 했던 남편 이원수는 신사임당 보다는 주막집 권씨에게 더 마음이 쏠렸던 것 같다. 그런 상상과 추측은 신사임당이 살아 있을 때에 주막집 권 여인을 사랑했고 동거했다는 데서 가능하다.

■ 48세 젊은 나이로 타계

신사임당은 한 여성으로서 또 어머니로서는 이상형이고 완벽한 삶을 누렸다. 자기계발에 최선을 다하면서 부족함이 없는 삶을 펼쳐온 것으로 보이지만 실제는 그렇지 못한 삶을 이어왔던 것이 아닐까? 신사임당은 친정 부모와 자녀들에게는 충실하였지만 남편과는 생이별 이산가족과 같은 삶을 꽤 오랫동안 이어왔다.

그런 상황이기 때문에, 아무리 아내를 사랑한 남편이라 해도 떨어져 있는 기간이 길면 길수록 공허함을 메우기가 더욱 어려웠을 것이다.

아내는 지적이고 능력 있는 여인, 인격과 품위에는 어떤 결점도 보이지 않은 완벽한 여인, 모든 면에서 매우 고결한 품위를 지녔다.

신사임당과 일곱 자녀들의 부조

어떤 결점도 보이지 않은 완벽한 여인, 모든 면에서 매우 고결한 품위를 지녔다.

그러나 남편은 허전한 마음의 텅 빈 구석을 채워 줄 여인, 자신을 인정해 줄 수 있는 여성을 목마르게 찾아 다녔는지도 모른다. 우연의 일치인지 모르나 그때 마침 주모 권씨가 나타난 것이다. 그런데 그 여인은 신사임당과는 반대로 현모양처와는 상당히 거리가 먼 여인으로 묘사되고 있다.

결국은 행실이 반듯하지 못한 여성, 신사임당과는 정반대의 성격을 지닌 주모와 사랑을 나누고 동거를 하였다.

남편이 권 여인을 만난 뒤에도 신사임당은 아내 본연의 위치를 찾지 못했던 것 같다. 남편의 외도를 단속하면서 적극적으로 개입하지 못한 채 괴로워하면서 고통을 삼켰는지 모른다.

사랑과 배신의 종말은 비극일 수밖에 없다. 혼자 가슴앓이를 하다가 48세라는 젊은 나이에 외롭게 홀로 세상을 떠났을까?

어머니 신사임당의 삶을 간추려 기록한 아들 율곡의 《선비행장(先妣行狀)》에 이런 내용이 담겨 있다.

"내가 죽거든 재혼하지 말아요! 재혼하면 가정불화가 일어날 것이니까요."

그런 예언은 아버지가 권씨 여인을 후처로 맞아들인 이후 나타났다. 큰형과 계모와의 불화가 잦아졌고, 나는 가출하여 금강산으로 들어갔다.

■ 새로운 평가

신사임당은 대한민국 정부 수립 이후에도 줄곧 한국 위인의 한사람으로 선정되어 추앙을 받아왔다. 현모양처의 상징이자 훌륭한 여성 작가로 그리고 시인으로 평가받고 있으나, 일부 여성운동가와 여성계에서는 '현모양처 신사임당'이 21세기 현시대에는 적합하지 않다며 이의를 제기하고 있다.

신사임당이 지와 덕을 겸비한 총명하고 인자한 어머니였다는 점에서는 이견이 없지만 한 남자의 아내로서의 자격에는 미달되고 모순된다는 것이다.

조선시대 유교 이데올로기에 의해 미화된 인물, 그리고 일제 강점기에 강요된 이념의 잔재라며 부정적으로 보는 시각도 있다. 즉, 오늘날 신사임당이 대변하는 '현모양처'의 이데올로기는 일본 식민통치의 잔재이며, 봉건주의 남성중심의 기존 사회에서 구미에 맞게 인위적으로 설정한 인물이라는 평가도 있다.

신사임당은 조선시대의 여성이었기에 21세기 오늘의 잣대로 그녀에 대해 공정하고도 정확한 평가를 내린다는 것을 사실상 불가능하다. 왜냐하면 사람에 따라 보는 관점이 다를 수 있고 견해 차이도 있을 수밖에 없는 미묘한 사안이기 때문이다. 그러나 부정적인 시각보다는 긍정적인 평가가 더 앞서고 바람직하다는 것만은 공통되는 기준이다.

그러나 분명히 안타까운 점은 과거의 우리 역사에서 대부분의 어머니들은 신사임당처럼 빛을 보지 못하고 시부모와 남편, 그리고 자녀들을 위한 희생적인 삶을 살다가 사라져갔다는 점이다.

신사임당의 가계도

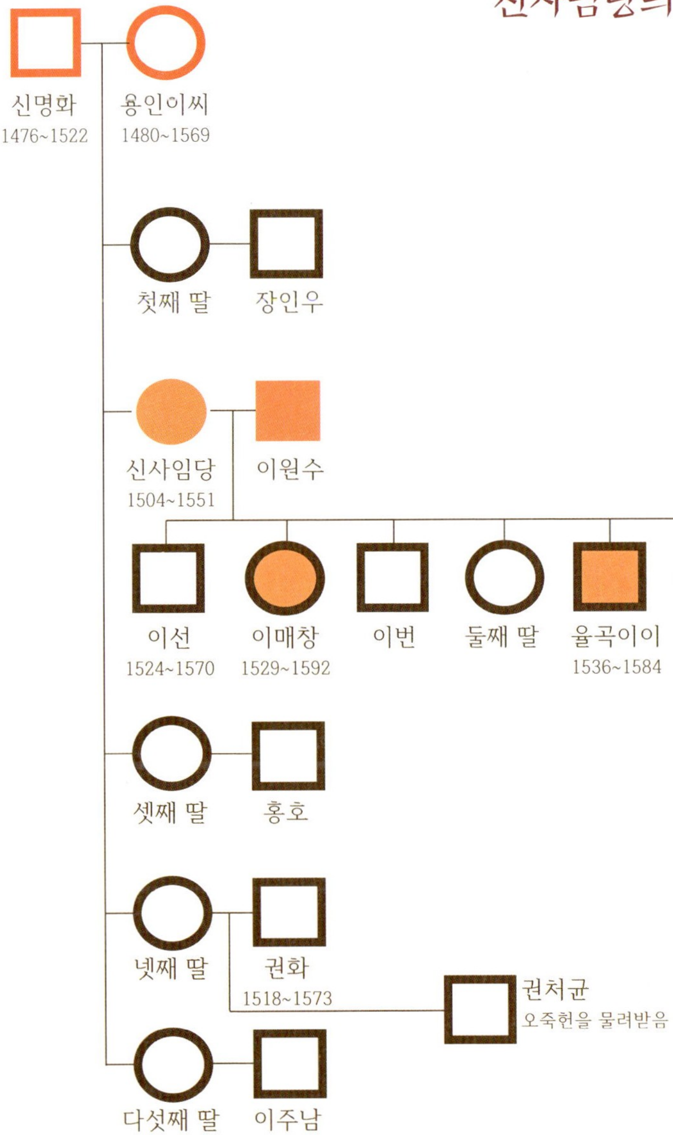
신명화
1476~1522
용인이씨
1480~1569
첫째 딸
장인우
신사임당
1504~1551
이원수
이선
1524~1570
이매창
1529~1592
이번
둘째 딸
율곡이이
1536~1584
셋째 딸
이우
1542~1609
황기로의
사위
셋째 딸
홍호
넷째 딸
권화
1518~1573
권처균
오죽헌을 물려받음
다섯째 딸
이주남

제11장

소사임당 이매창의 예술

신사임당을 비롯한 자녀들이 남긴 작품은 조선 중기 우리 서화계에 신선한 충격과 아울러 지대한 영향을 끼쳤다.

매창은 어머니로부터 교훈을 받아 여자의 규범을 익혀 그 재주와 학식이 보통사람보다 빼어난 깊은 지혜와 원리를 지녔다. 심지어 동생 율곡도 벼슬길에 있으면서 크고 작은 일에 매양 의심나는 일이 있으면 지체 없이 누이 매창에게 자문을 구했다고 한다.

대제학과 김제군수를 역임한 정홍명(鄭弘溟)의 《기암잡록(畸菴雜錄)》에 '율곡이 벼슬에 오른 뒤에 무릇 국가 중대사가 있으면 그 누이에게 물었다. 1583년(선조16년)계미년 북방 변란 때 율곡이 병조판서로 있으면서 군량의 부족을 걱정하자, 그 누이가, "오늘날의 급선무는 반드시 인심을 즐겨 따를 것을 생각해서 행하여야 성취할 수 있다.

재주 있는 서얼들이 폐고(廢錮)된지 이미 백년이 넘어서 모두 울분을 품고 있으니, 지금 만일 그들에게 곡식을 납입함에 따라 벼슬길을 틔워준다면 군량을 금방 마련할 수 있을 것이다." 하니, 율곡은 탄복하고 즉시 계청(啓請, 임금에게 아뢰어 청하는 것)해서 시행하였다.'라고 했다.

율곡 이이가 지혜를 구할 정도로 총명했던 매창은 어머니의 예술적 재능을 그대로 이어받았다. 특히 매화 그림에서는 어머니 신사임당의 솜씨를 능가한다는 평도 있다.

이 매창의 대표적 작품 <월매도>는 둥근 보름달을 한껏 품은 매화의 기상이 잘 드러내는 작품이다.

이매창<월매도(강원도유형문화재 제12호)>

어몽룡의 <월매도>

간결한 구도와 강인하고 신속한 필치, 담묵 위주의 묘사, 줄기와 가지를 중시하는 화면 구성에서 신사임당의 영향이 강하게 느껴진다. 특히 담묵으로 매우 정갈하게 묘사된 가지와 윤곽선이 없는 몰골의 점매법으로 묘사된 꽃의 형태 그리고 농묵으로 간결하게 처리된 화심의 표현 등은 조선 최고의 묵매화가인 어몽룡의 월매도보다 오히려 '청담고아'한 정취가 더 깊이 느껴질 정도이다.

이매창의 <사계수묵화조도>4폭은 뚜렷한 계절감을 곁들인 뛰어난 작품이다. 제1폭은 '참새' 그림으로 알려져 있으나 눈 주위와 턱 부분의 흰 점이 보통 참새와 다르고 꼬리도 참새보다 길어 박새일 가능성이 크다.

그러나 지금까지 참새로 전해 내려오기 때문에 참새로 부르기로 하겠다. 자연스러운 가지의 배열, 참새 깃털의 농담처리, 쏘아 붙이듯 노려보고 있는 긴박한 자세 등에서 이매창의 능숙한 필치가 돋보인다.

이매창의 <참새>

이매창의 <참새와 대나무>

제2폭은 '참새와 대나무' 그림이다. 화면 대각선으로 토파(土坡, 흙으로 쌓아 올린 둑)를 점을 섞어 담묵으로 표현하고 대각선 아래 위 방향으로 두 무더기의 대나무 포기를 배치하였다. 초여름임을 암시하듯 막 솟아나는 죽순을 담묵으로 표현하였으며 한 쌍의 참새는 대각선 반대 방향에 배치하여 전체적인 조화와 균형을 이루었다. 수컷은 대나무 숲 사이에 앉아 있고 암컷은 수직으로 날아 내리는 자세를 취하고 있다.

제3폭은 '달과 기러기'를 그렸다. 화면 왼쪽 하단부에서 위쪽으로 갈대를 배치하고 화면 상단 중앙에 보름달을 표현하였다. 먹으로 대나무 잎을 치듯 사실성을 강조한 갈대 잎 끝에서는 가벼운 살랑임이 느껴질 정도이며,

이매창의 <달과 기러기>

조용히 휴식을 취하고 있는 기러기의 편안한 자세에서는 정밀감이 감돈다. 예로부터 갈대와 기러기 그림은 무병장수를 의미하는 '노안도(蘆雁圖)'라 하여 문인화가들이 즐겨 그렸다.

제4폭은 '설경과 새'로 불리는 그림이다. 화면 왼쪽 중앙에서 뻗어 나온 나뭇가지에 눈이 소복이 쌓였다. 나뭇가지 위에는 한 마리의 새가 가슴 깊숙이 머리를 파묻고 추위를 피하고 있다. 새의 묘사에서도 날개 깃털 부분만 농담을 섞어 칠하였고 가슴 부위는 가는 선으로만 나타내었다. 가슴 깊숙이 묻은 새의 머리 부분을 짙은 먹을 사용 살짝 점을 찍듯 표현한 기발한 착상에서 이매창의 섬세한 관찰력을 엿볼 수 있다.

이매창의 <설경과 새>

제5부
사임당의 작품 세계

사임당을 그리다

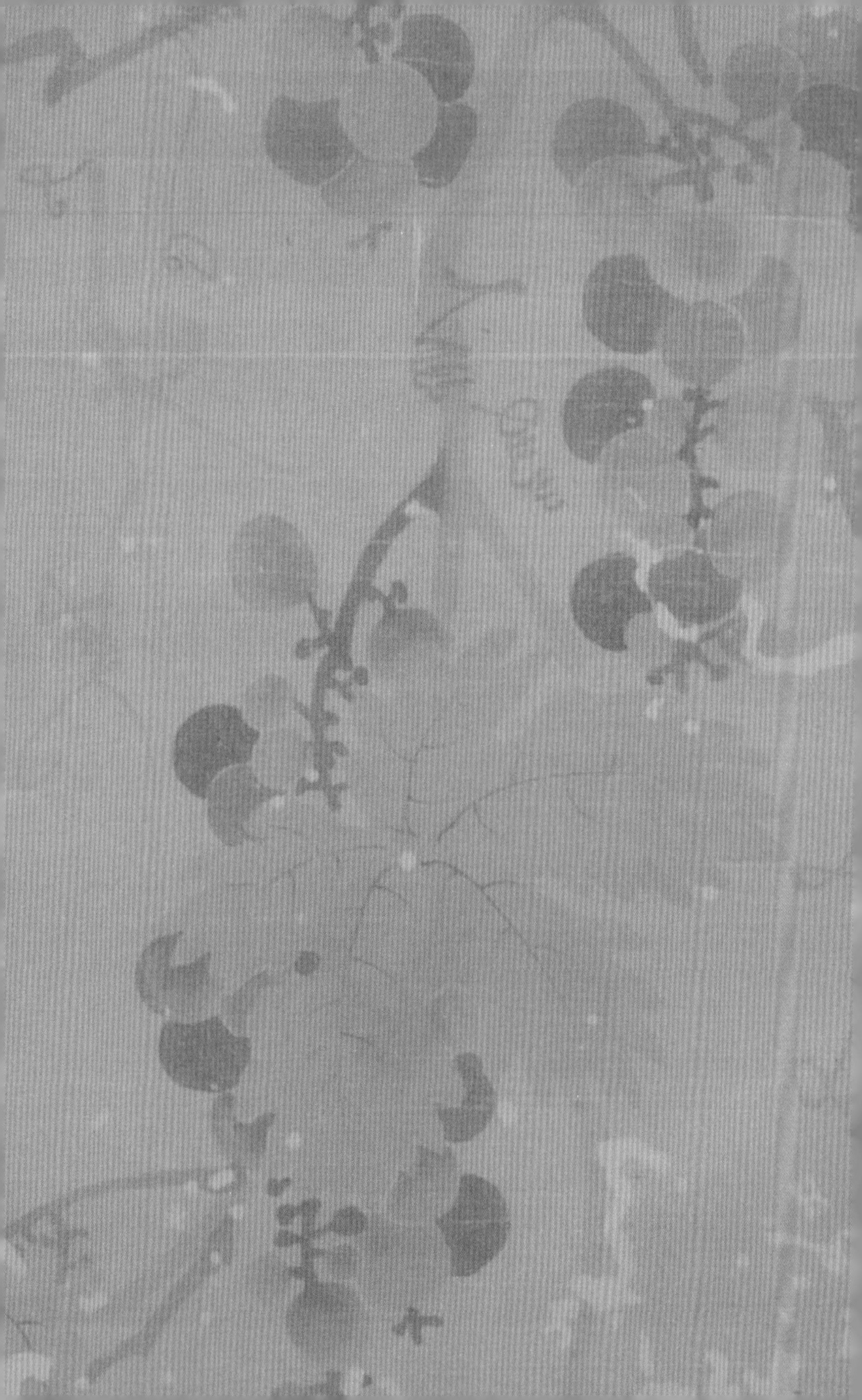

포도도

신사임당이 그린 이 포도도는 위에서 아래로 내려오는 포도나무 가지에 달린 포도송이의 무게 때문에 늘어진 덩굴과 포도송이를 부분적으로 가리는 풍성한 잎을 담묵으로 매우 기품이 있고 유려하게 표현하여 그렸다. 또한 윤곽선을 사용하지 않고 색채나 수묵으로 바로 그리는 몰골법으로 포도가 열린 포도나무 줄기에 덩굴을 단숨에 그린 솜씨는 신사임당이 여느 화가나 화원보다 실력이 뛰어남을 알수 있게 한다. 묵색으로 포도송이를 조화롭게 그려 탐스러운 입체감을 두드러지게 나타내고, 성글게 열린 포도송이를 서로 다른 흑색으로 그려 표현의 극치에 도달한 느낌을 주고 있다. 그림의 화면이 조금 잘린 듯한 느낌을 주는 아쉬운 점이 있지만 짜임새에서는 어느작품 못지않은 걸작이다.

수박과 들쥐

풀과 벌레를 소재로 그린 그림을 초충도라고 한다. 초충도는 풀과 벌레뿐만 아니라 보통 채소 · 과일 · 꽃 · 새 등과 함께 그려지므로 영모화 · 소과화 · 화훼화의 범주에 포함되기도 한다. 신사임당이 우리나라에서 초충도를 가장 잘 그렸다고 평가되고 있다. 이 그림은 8폭 병풍의 초충도 가운데 한 작품으로 수박과 들쥐를 그렸다. 수박 덩굴에 달려 있는 수박을 파먹고 있는 들쥐 두 마리, 나비 두 마리, 패랭이꽃 등이 그려져 있다.

산차조기와 사마귀

신사임당이 풀과 벌레를 그린 초충도는 8폭 병풍으로 구성되어 있으며, 여성적인 섬세한 필치와 미려한 설채법으로 그려져 있다.

이 〈산차조기〉와 사마귀'는 그중 하나로, 검은 잠자리가 산차조기 주위를 날고 있고, 사마귀는 땅을 기면서 벌을 노리고 있는 모습을 그리고 있다. 작고 붉은 산차조기의 꽃잎과 청록색 잎을 표현한 색상 대비가 돋보이는 작품이다.

양귀비와 도마뱀

이 작품은 신사임당의 초충도 그림 중 하나로, 화면 중앙에 양귀비가 그려져 있고, 그 옆으로 패랭이꽃이 배치되어 있다. 양귀비의 잎들을 진하게 채색하여 무게 중심을 아래쪽에 두게 하여 안정감을 느낄 수 있다. 두 마리의 나방이 양귀비 주위를 날고 있으며, 도마뱀은 고개를 돌려 갑충의 거동을 살피고 있는 모습이 그려져 있다. 붉은색과 진한 파란 색채를 부드럽게 채색하여 온화한 분위기를 자아낸다.

맨드라미와 쇠똥구리

신사임당이 풀과 벌레를 그린 초충도는 여성적인 섬세한 필치와 미려한 설채법을 구사한 그린 그림이다. 이 초충도는 8폭 병풍으로 구성되어 있고, 이 그림은 그중 하나이다. 탐스러운 맨드라미의 꽃잎이 섬세하게 표현되어 있으며, 그 옆으로 산국화가 활짝 피어 있다. 쇠똥구리 세 마리가 일에 열중하고 있는 모습이 보이고, 세 마리의 나비는 맨드라미 주변을 무리지어 날아다니고 있다.

오이와 개구리

여성적인 섬세한 필치와 미려한 설채법을 구사하여 풀과 벌레를 그린 신사임당의 초충도는 8폭 병풍으로 구성되어 있다. 이 그림은 그중 하나이다. 그림 한가운데 있는 오이의 투명한 빛깔과 표면이 섬세하게 잘 그려져 있다. 개구리는 땅강아지를 잡아먹으려고 잔뜩 벼르고 있으며, 벌은 노란 오이꽃에 앉으려 하고 있다. 전체적으로 사물들이 섬세하게 표현된 것이 돋보인다.

가지와 벌

이 그림은 신사임당이 그린 초충도 중에서 가지와 벌을 그린 작품이다. 화면의 중앙에 두 가지 줄기가 좌우 대칭을 이루며 서 있고, 약한 줄기에는 밤색과 흰색의 가지가 곱게 달려 있다. 가지 주변에는 종류가 다른 화초와 곤충들을 그려 생동감을 더해 주고 있다. 안정된 구도와 몰골법으로만 이루어진 묘사, 아담하고 음영을 살린 설채법으로 그려진 초충화는 사임당의 예술적 재능을 잘 보여 주고 있다.

화조도

이 작품은 꽃을 그린 화조도이다. 신사임당은 초충도뿐만 아니라 화조도에도 능했는데, 그녀가 그린 화조도들이 아직 발견되지 않은 작품들이 상당하다고 한다. 이 그림 역시 일부가 떨어져 나갔고, 아직 그 그림들을 찾지 못하고 있는 안타까운 화조도이다.

이 화조도는 춘하추동의 사계절을 나타내는 연작으로 그린 그림으로 추정되고 있다.

첫 번째 그림은 봄을 나타내는 그림으로, 활짝 핀 동백과 납매를 그렸다. 두 번째 그림은 여름을 나타내는 그림으로, 벽오동 가지와 배롱나무의 붉은 꽃을 그렸다. 가을과 겨울을 그린 작품 두 점이 더 있었을 것으로 보이지만, 유실된 것으로 추정된다.

그림의 수준과 품격, 그리고 화풍으로 보아 신사임당이 그린 그림으로 추정되는 작품이지만, 작품에 찍은 낙관과 서명 등이 없다. 그러나 국립중앙박물관 소장본과 형태와 크기가 같은 작품으로 신사임당이 그린 작품으로 단정되고 있다.

제6부

사임당의
흔적과 족적

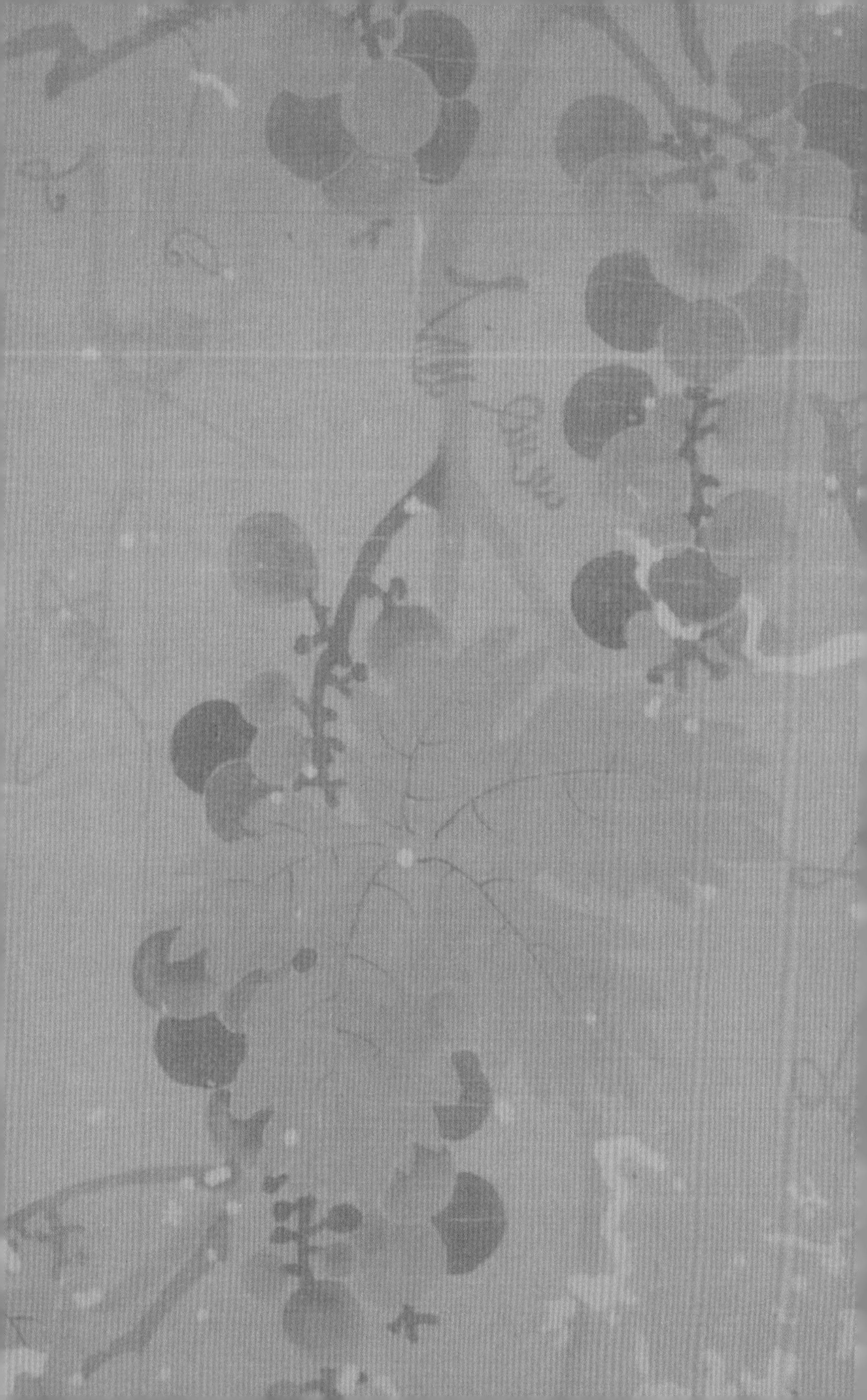

제1장

신사임당의 일생

1504
1세

음력 10월 29일 강릉 북평촌, 지금의 오죽헌에서 딸만 다섯인 집안에 둘째 딸로 태어났다. 아버지는 평산신씨. 어머니는 용인이씨이다. 어머니 이씨가 외동딸인 관계로 서울로 시집을 갔으나 강릉의 친정어머니를 모시기 위해 북평촌에서 생활하다 사임당을 낳았다.

1507
4세

외가에서 태어난 사임당은 학문이 높은 외할아버지의 각별한 사랑과 교육을 받으며 자랐다.

1510
7세

어려서부터 그림에 소질이 있었다. 이때부터 <몽유도원도>로 유명한 화가 안견의 그림을 본받아 산수화를 비롯하여 초충도 등 여러 가지 그림을 공부하기 시작하였다.

1511
8세

타고난 총명에다 외할머니와 어머니의 자상한 교육에 힘입어 유교 경전과 《사기(史記)》를 공부했으며, 글씨와 문장, 바느질과 자수에 이르기까지 뛰어난 솜씨를 갖추게 되었다.

1516
13세

학문이 높았던 아버지 신명화가 서울에서 진사 시험에 올랐다.

1519
16세

기묘사화가 일어나 조광조를 비롯하여 그를 따르던 많은 선비들이 화를 입었다. 아버지 신명화는 같은 동지였으나 다행히 화를 입지는 않았다.

1520
17세

강릉 북평촌에서 외할머니 최씨가 세상을 떠났다. 이때 아버지 신명화는 장모가 세상을 떠난 줄 모르고 강릉으로 내려오다 여주에 이르러서야 소식을 듣고 갑자기 충격을 받아 음식도 못 먹고, 잠도 못 자고 기운이 점점 쇠약해졌다. 겨우 강릉에 도착했을 때에는 거의 죽게 되었다. 그러자 사임당의 어머니 이씨는 남편이 살아나지 못할까 염려해서 밤낮으로 하늘을 우러러 7일 기도를 했다. 그러던 어느 날 이씨는 새벽에 몰래 남편이 차던 작은 칼을 지니고 선조의 묘에 올라가 향불을 피우고 절하고 기도하기를 "첩이 남편을 따른 지 20여 년이 되었습니다. 그간 남편은 불의한 짓을 하지 않았고, 첩도 남편의 뜻을 저버린 적이 없습니다. 그런데 하느님께서 어쩌면 이토록 가혹한 죄를 내리십니까? 첩은 이미 어머니를 여의었으니 우러를 데라고는 남편밖에 없습니다. 남편마저 첩을 버리게 된다면 어찌 혼자 세상을 살 수 있겠습니까? 라 하고 칼을 뽑아 왼손 가운뎃손가락을 자르니 피가 철철 넘쳐흘러 흥건히 괴었다. 이씨는 남편이 이

사실을 알까봐 내색을 않고 있었다. 그런데 그날 밤 사임당이 하늘에서 대추만한 크기의 약을 가진 신인이 나타나 그 약을 아버지 입에 넣어 주는 꿈을 꾸었다. 얼마 지나지 않아 아버지의 병은 씻은 듯이 나았다. 훗날 외손자 율곡은 외할머니의 이 같은 행실에 하늘도 감동했다는 내용의 외할머니 <이씨감천기>를 지었다.

1522 19세

서울 덕수이씨 이원수에게 시집을 갔다. 사임당보다는 세 살 위였다. 시집가던 해 아버지 신명화가 세상을 떠났다.

1524 21세

친정아버지의 3년 상을 치른 다음 서울 시댁으로 올라갔다. 이해 맏아들 선을 낳았다.

1528 25세

강원도 관찰사 황효원이 어머니 이씨의 부덕을 중종 임금에게 알리자 효부로 이름 난 친정어머니 이씨의 열녀각이 세워졌다.

1529
26세

- 맏딸 매창을 낳았다.
- 그 후 27세에서 31세 사이에 둘째 아들 번과 둘째 딸을 낳았다.

1536
33세

- 시댁 선대가 살던 경기도 파주에 옮겨 살다가 친정과 가까운 평창군 봉평에서도 생활하였다.
  이곳에서 동해 바닷가에서 한 선녀가 살결이 눈부시게 희고 오색 광채가 나는 옥동자를 품 속에 안겨 주는 꿈을 꾸고 셋째 아들 율곡을 임신했다.
- 산달이 가까워 오자 봉평에서 강릉 친정으로 내려와 어머니의 보살핌을 받았다. 그리고 동해바다에서 검은 용이 날아와 문 머리에 서리는 꿈을 꾸고 율곡을 낳았다.

1540
37세

사임당이 병으로 자리에 눕게 되자 집안 사람들이 모두 근심하고 있을 때 다섯 살 난 율곡은 혼자 외할아버지 사당에 들어가 무릎을 꿇고 엎드려 어머니 병을 낫게 해 달라고 기도

1541
38세

를 하고 있었다. 집안 사람들이 어린 율곡을 달래어 데리고 왔다.

사임당이 강릉 친정어머니에게 인사를 드리고 여섯 살인 율곡을 데리고 서울 시댁으로 올라왔다. 올라오는 도중 대관령 중턱에서 어머니가 계시는 북평촌을 바라보고 눈물을 흘리며 시를 지었다. 이 때 지은 시가 <대관령을 넘으며 친정을 바라보다(踰大關嶺望親庭)>라는 7언 절구이다.

慈親鶴髮在臨瀛
늙으신 어머님을 고향에 두고
身向長安獨去情
외로이 서울길로 가는 이 마음
回首北村時一望
머리 돌려 북평 땅을 한번 바라보니
白雲飛下暮山靑
흰 구름만 저문 산을 날아 내리네

신사임당은 한양에 올라오자 수진방, 현재 청진동에서 시댁 살림살이를 도

맡아 하였다.

1542 39세

막내아들 옥산 이우를 낳았다.

1543 40세

한양에서 생활하면서 늘 친정어머니를 그리워하며 걱정하였다. 그때마다 시를 지어 마음을 달래곤 하였다.

1545 42세

을사사화가 일어나자 돌아가신 아버지 신명화와 홀로 계시는 어머니 이씨를 그리워하였다.

1550 47세

남편 이원수가 종5품 벼슬 수운판관이 되어 각 지방으로부터 세금으로 곡식을 거두어들여 도성 국가 창고에까지 선박으로 실어 옮기는 직책을 수행하였다.

1551 48세

- 남편이 수운판관의 직무를 수행하기 위하여 평안도로 출장을 갔다. 이때 사임당의 큰아들 선과 셋째 아들 율곡을 불러놓고 "이번 길은 험할 것 같으니 아버지를 도와

1551
48세

함께 다녀오라"고 하였다.

- 음력5월 17일 새벽 병으로 자리에 누운 지 3일 만에 홀연히 세상을 떠났다. 남편과 두 아들은 배를 타고 한강 나루에 도착하여 어머니의 별세 소식을 들었다. 이때 남편 이원수는 51세였고, 큰아들 선은 28세, 맏딸 매창은 23세, 율곡은 16세, 막내아들 옥산 이우는 10세였다. 하늘이 무너지는 슬픔 속에 파주 자운산 기슭에 장사 지냈다.

제2장

후세 사람들이 말하는 신사임당

감교관 어숙권

사임당은 어려서부터 그림을 공부했는데 포도와 산수그림은 절묘하여 평하는 사람들이 세종 때 유명한 안견이란 화가에 버금간다고 한다. 어찌 부녀자의 그림이라 해서 가볍게 여길 것이며, 또 어찌 부녀자에게 합당한 일이 아니라고 나무랄 수 있겠는가?

영의정 정호

옛날 성현들은 인물을 평가함에 있어 도덕이 온전하고 재주가 갖추어진 사람을 일컬어 군자라 했다. 그러나 이 말은 남자에게는 해당되나 부인에게는 상관이 없는 말이다. 남들은 여자란 다만 도덕은 말할 수 있어도 재주는 말할 것이 못된다하지만 나는 그렇게 보지 않는다. 여자라도 덕이 이미 온전히 갖추어졌고, 재주도 통하지 않음이 없다고 하면 어찌 여자라 하여 군자라 일컫지 못하겠는가! 사임당은 여자 중의 군자라 일컬어도 손색이 없을 것이다. 큰 인물을 낳고 길러 꽃다운 이름을 백대에 끼쳤으니 다시 말해서 무엇하겠는가!

예조판서 김진규

사임당이 그린 풀, 벌레, 나비, 꽃, 오이 따위는 그 모양이 실물과 똑같을 뿐만 아니라 그 빼어나고 맑은 기운이 산뜻하여 화폭 속에 마치 살아있는 것 같아 그저 붓이나 핥고 먹이나 빠는 저속한 화가 따위가 능히 따를 수 있는 그런 것이 아니다.

유학재 오진영

사임당 신씨 부인의 천재는 '바로 나면서부터 안다'는 것에 가깝다. 왜냐하면 문학, 예술 등의 방면에 있어 모두 배우지 않고 스스로 터득하였기 때문이다. 일찍이 남에게 나타내 보이지 않았으며, 평생의 언행이 어디에 가든지 중국의 이름난 임금인 문왕의 어머니 태임과 같았다. 그리고 단정하고 순일하고 진실하며 장중한 점은 비교할 사람이 없다.

형조판서 신석우

사임당 신씨 부인은 타고난 자질이 맑고 고운 데가 효성이 지극하였을 뿐만 아니라 몸가짐이 단정하고 순결하며 말이 적고 행실이 바른 분이셨다. 또 경전과 사기에 통하고 문장에도 뛰어났으며, 바느질과 자수에도 신비에 가까울 정도였다. 더욱이 그림에 있어서는 신품을 만들어 냈다. 이 모두를 종합해 볼 때 사임당은 여류 선비가 분명하므로 우러러 사모하는 마음 간절하다.

이조판서 홍양한

그림으로써 세상에 드러난 이가 헤아릴 수 없이 많지만 그 모두는 남자요, 부인은 극히 드물다. 더욱이 잘 그리는 사람은 많아도 신묘한 경지에 들어간 사람은 많지 않다. 그러나 부인으로서 그림을 잘 그려 신묘한 경지에까지 들어간 분이야말로 우리나라에서는 오직 사임당 신씨뿐이다.

좌의정 권상하

사임당 신부인의 그림은 필력이 살아 움직이고 모양을 그린 것이 실물과 똑 같아, 줄기와 잎사귀는 마치 이슬을 머금은 것 같고, 풀벌레는 살아 움직이는 것 같으며, 오이와 수박은 보고 있노라면 저도 몰래 입에 침이 흐르니, 어찌 천하에 보배라 하지 않으리요! 내 일찍 백대의 스승 율곡 선생을 태산과 북두칠성처럼 받들었는데 이제 또 그 어머님의 필적을 보니 우러러 사모하는 마음 무어라 표현하겠는가!

판돈녕부사 송상기

사임당 신씨 부인의 정숙한 덕과 아름다운 행실은 부녀계의 으뜸이다. 우리가 백세의 스승인 율곡 선생을 우러러 받들면서 그를 낳아 훌륭하게 키운 어머니 신사임당을 받들지

앓아서야 되겠는가!

소설가 허균

율곡 선생의 모친은 신씨였는데 성품이 차분하고 강직하였으며, 글도 잘 쓰고 그림에도 소질이 있었다. 여자로서의 규범이 매우 엄하여 언제나 여자가 지켜야 할 법칙으로 몸을 단속하였으니, 율곡 선생의 학문은 바로 어머니 사임당의 태교에서 얻어진 것이다.

동양화가 허백련

율곡 선생 어머님 사임당은 여자 중의 군자이다. 나는 평생에 부인을 숭모할 뿐 아니라 마치 자손이 조상을 대하는 것같이 했다. 이제 이 자수 병풍을 보니 그 수를 놓은 법이 어떠하다는 것은 감히 논평하지 못하나 그 그림 그리는 법에서만은 고상하고 청아한 품이 보통 도안 따위와는 견주어 말할 수 없다.

지은이 **정현**

필명이 유비자인 정현은 연세대학교 법과대학 법학과를 졸업하고
미국 하와이주립대학교(PAMI)에서 수학하였으며

한국경제신문사 주관 제2회 다산금융인상(재무부장관상 1992년)을
동업계 최초로 수상하였다.

전국경제인연합회(국제경영원),한국생산성본부(KPC),외환은행과
하나은행,국민은행,대구은행,전국저축은행연합회,전국새마을금고연합회,
전국신용협동조합연합회 등에서 강의하였으며

1982년부터 1998년까지 대우그룹(대우투자금융/대우종합금융)과
동양그룹(동양종합금융)에서 근무하였다.

학부시절 문사철(文史哲)에 흠뻑 빠져 사학과 철학공부를 병행하였으며
대학입시학원에서 한국사와 세계사 및 윤리(철학)을 강의하기도 하였다.

현재는 도서출판 서림당 대표로서 칼럼 및 자유기고가로 활동하고 있다.

주요저서로는
<스토리텔링 한국사> <스토리텔링 세계사> <스토리텔링 로마사>
<도널드 트럼프, 그는 누구인가?> <나,트럼프>
<왕의 아버지 흥선대원군> <허공에 핀 꽃 물속에 잠긴 달, 허난설헌>
등이 있다.

불멸의 사임당

예술의 향기

2017년 2월 20일 1판 1쇄 인쇄
2017년 2월 25일 1판 1쇄 발행

지은이 정현
발행인 정미
펴낸곳 도서출판 **서림당**
편집 김성진, 장진영, 김아영
교정/교열 이정애
인쇄/제작 예인C&P

주소 경기도 파주시 문발로 115 (세종출판벤처타운)
전화 010-3246-5561 (031-924-1180)
팩스 031-955-5561
등록번호 제406-2016-000075호

ISBN 979-11-881320-0-3

※독점공급처 : 한국출판유통 (대표 윤영수) 010-4799-9729에게 독점 공급함.

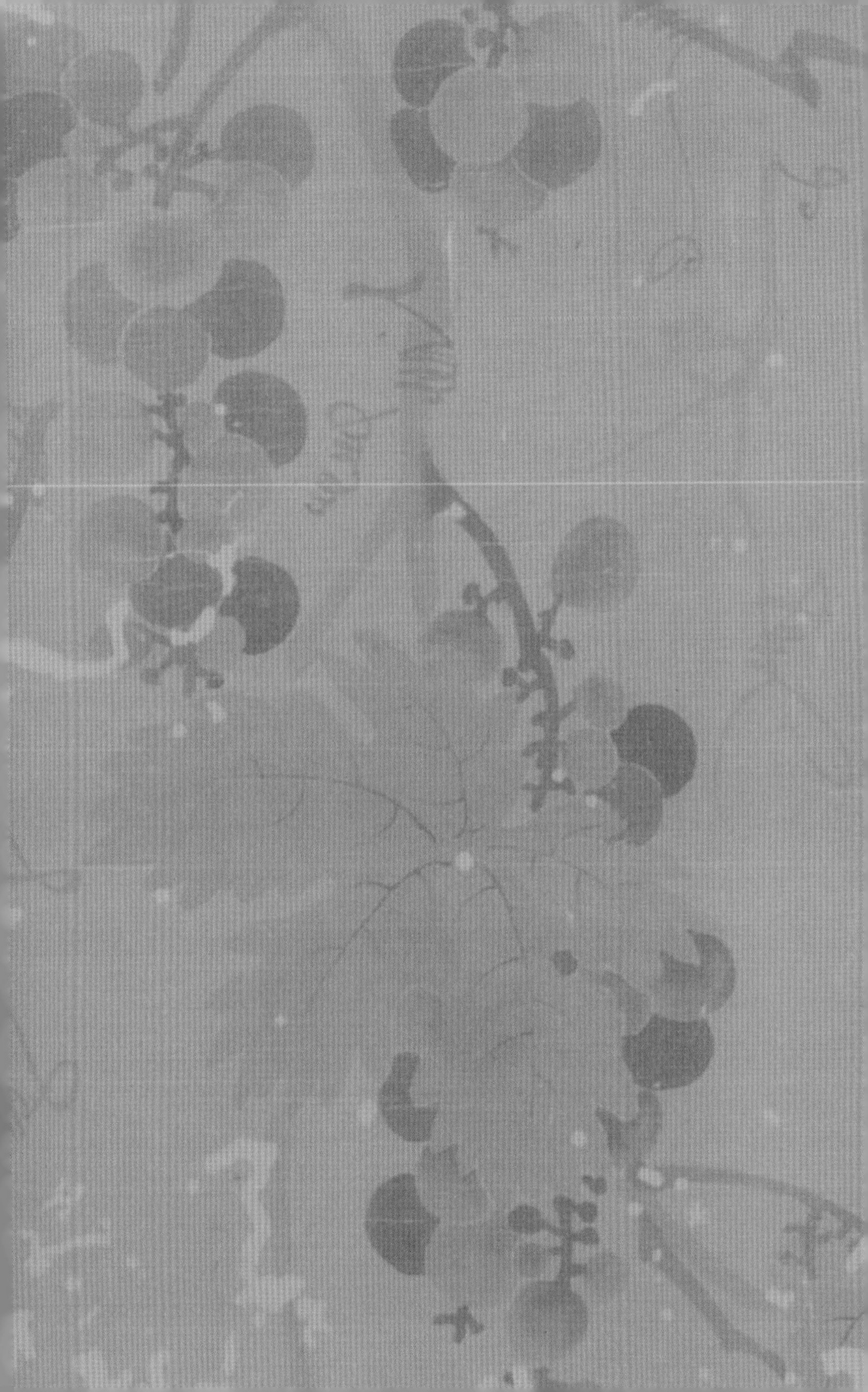